Criando Con Amor

Haciendo La Diferencia En Un Día

Criando Con Amor

Haciendo La Diferencia En Un Día

Glenn I. Latham

Traducción en Español:
Elizabeth De León
Justin R. Howell

Latham Institute for Families & Educators
P&T Ink
Logan, Utah

Para mi esposa, Louise,
quien crió con mucho amor.

Este libro está dedicado a la memoria de Glenn Irven Latham, querido esposo, padre, amigo, maestro, mentor, entrenador y consejero. Su amor por la verdad, por las mentes inquisitivas, la educación, la intuición y sabiduría, y su dedicación al servicio de los demás con mucho apoyo, estímulo y buenos consejos, dados libremente, realmente cambió la vida de muchas personas alrededor del mundo. El es muy amado y extrañamos su voz, su toque, y su sonrisa.

Tabla de Contenido

Reconocimientos

Esta traducción ha sido un proyecto que involucró a muchas personas maravillosas quienes incansablemente contribuyeron con entusiasmo para hacer posible éste momento. Primeramente, reconocemos con aprecio a Elizabeth De León y Justin Howell por las muchas horas que pasaron traduciendo este libro y a Jorge Espinoza por redactar la traducción.

También expresamos un agradecimiento a Dorothy Womack por las muchas horas que pasó traduciendo y tecleando; a Connie Mecham, Cindy Budge y Conna Meeker por su apoyo personal y técnico que siempre es necesitado y apreciado, y por su paciencia en este proceso.

No existen suficientes palabras para expresar la gratitud por la familia, los amigos, los admiradores y conocidos quienes han sido una real fuente de inspiración para concluir este proyecto y cuyas vidas hacen eco de los valores eternos que expresa este libro y del conocimiento de cómo bendecir día a día las vidas de niños y familias en todas partes.

Introducción

Después de haber trabajado treinta años con familias en problemas, todavía encuentro que el lamento de los padres es el mismo: "Nunca me enseñaron a criar hijos". ¡Es algo muy difícil el tener maestría en algo de lo cual no sabemos nada!

En este libro yo menciono varias técnicas específicas que son basadas en la ciencia del comportamiento humano. Primero, presento cuatro principios básicos del comportamiento humano que son particularmente pertinentes a la crianza. Segundo, describo cuatro cosas positivas que los padres necesitan hacer cuando sus hijos se comportan bien. Tercero, explico cuatro métodos instructivos, no coercitivos, que los padres necesitan hacer cuando los niños no se comportan bien. (Es posible ser agradable aún cuando los niños no lo son.) Concluyo mi libro alertando a los padres sobre las ocho trampas que deben evitar. El caer en una de ellas puede neutralizar substancialmente la eficiencia de los padres.

De entrada, déjenme aclarar tres cosas. Primero, he hecho un intento basando el contenido de éste libro en la solidez de la ciencia. Esta ciencia provee una de las esperanzas más grandes en el tratamiento de los problemas más importantes de la humanidad. Aunque uso anécdotas e ilustraciones de vez en cuando, no son usadas para probar un punto; sino que son usadas para llevar el punto al hogar.

Segundo, dada la amplitud del tema presentado (crianza) no es posible que un libro cubra todo lo amplio y profundo de este tema. Después de haber publicado su teoría monumental de La

Relatividad, a Albert Einstein le pidió un reportero que diera una definición sencilla de la relatividad. Einstein respondió: "Cuando un hombre se sienta con una joven guapa por una hora, parece ser como un minuto, pero déjale sentarse en un horno caliente por un minuto y parecerá ser más de una hora. Eso es La Relatividad." El reportero dijo, "Yo quisiera algo un poquito más técnico que eso". Einstein respondió, "Ah, eso tomará más tiempo."

Aunque aquí menciono un número de temas básicos y hago unas sugerencias muy específicas, también existen otros recursos donde los estudiantes serios del tema de crianza pueden acudir para encontrar información y lidiar con casi cualquier problema.

Yo me refiero al contenido de este libro como "Temas Básicos." He escogido ese término cuidadosamente debido a que yo creo que no importa cuán detallado, complejo, o profundo uno llegase a ser en formar un ambiente saludable para la familia, de cualquier manera, tendrá un fundamento basado en los temas básicos explicados en este libro.

Tercero, debe ser entendido que no existe un "método seguro" con respecto a la crianza. No hay ninguna estrategia, no importa lo bien fundada que esté, aunque sea basada en una ciencia sólida, que pueda ser totalmente efectiva con todos los niños en todas las situaciones. El tratamiento del comportamiento humano, como el tratamiento del cuerpo humano, depende de la probabilidad de ser efectivo. Todos hemos experimentado el ir al doctor y, al escribir la receta, hemos escuchado al doctor decir, "Trata esto". ¿Por qué no dijo el doctor, "Esto te quitará todos los males"? La respuesta es obvia: Porque había la posibilidad, aunque mínima, de que el remedio no funcionaría en un individuo en particular. Aún así, al decidir sobre el tratamiento, un doctor competente hubiera hecho todo lo posible para incrementar al máximo la probabilidad de que el tratamiento funcionara. En algunas ocasiones las probabilidades son más altas que en otras.

Así es con el comportamiento humano. Aunque nunca podemos pronosticar con absoluta seguridad los resultados que tendremos, sí sabemos que bajo ciertas condiciones la probabilidad de que nuestro tratamiento produzca los efectos deseados es mayor en algunas ocasiones. Nuestro trabajo, entonces, es el de crear un ambiente en el cual la probabilidad de éxito sea extraordinariamente incrementada.

Así como en la práctica de medicina, la probabilidad de éxito es más alta en algunos casos que en otros. Por ejemplo, la posibilidad de eliminar el llanto inconsolable de una criatura saludable es más alta que la posibilidad de eliminar el comportamiento antisocial de un adolescente violento que está bajo la influencia de sus compañeros de pandilla. Aun así, la probabilidad de tener éxito en el cambio del comportamiento en la dirección correcta se incrementa extraordinariamente aplicando con habilidad lo que la ciencia del comportamiento humano nos enseña.

A continuación, expongo los cuatro principios básicos del comportamiento humano más importantes.

Capítulo Uno

Cuatro Principios Básicos Del Comportamiento Humano

Aunque hay algunos principios del comportamiento humano, sólo tomaremos en cuenta cuatro de ellos en este libro. Mi experiencia profesional, después de haber pasado una vida trabajando con padres, ha sido, que estos cuatro principios son particularmente importantes y aplicables para convertir el hogar en un lugar amoroso y seguro donde vivir.

Principio de Comportamiento No. 1: El Comportamiento es el Producto de su Ambiente Inmediato

Simplemente, arregle el ambiente y se arregla el comportamiento. La primera lección que debe ser aprendida por los padres es la importancia de crear un ambiente en el hogar que fomente y refuerce un comportamiento apropiado.

Casi todos los hogares tienen ambientes reactivos. Esto quiere decir que los niños se comportan en formas típicas a su edad incluyendo rivalidad entre hermanos, el uso de sobrenombres, gritos, y hasta peleas; y los padres reaccionan a esos comportamientos de la misma manera. Ellos gritan, pegan, dicen sobrenombres y hacen casi exactamente lo que los niños hacen. Recientemente en mi oficina tuve a una madre quejándose de una pelea entre sus hijos de once y nueve años de edad. Ella dijo, "¡Ayer mi hijo de once años golpeó a su hermano de nueve años y lo tiró al piso y mientras que su hermano estaba en el piso llorando, él lo pateó!" Le pregunté a la madre lo que ella hizo. Ella respondió, "Bueno, ¡yo le pateé a él!" (Queriendo decir que había pateado al niño de once años).

Antes de que los padres puedan crear un hogar de amor y seguridad, ellos tienen que aprender a actuar antes de reaccionar. Ellos tienen que aprender a crear un ambiente positivo en el hogar, el cuál yo defino como un ambiente favorecedor y reforzado, que es manejado por padres estables. El cómo hacer esto será tratado con mas detalle a través de este libro. Pero debo de enfatizar que una crianza efectiva es la llave; efectiva en el sentido de que los padres puedan crear un ambiente funcional donde: (1) el comportamiento apropiado es modelado, (2) las expectativas son claras y razonables, (3) la supervisión es consistente, (4) el comportamiento es vigilado, y (5) la disciplina (yo prefiero usar el término dirección) no es coercitiva. En la gran mayoría de los casos, tenemos que dejar de hacer la pregunta, "¿Cuál es el problema de este niño?" y hacernos la pregunta, "¿Qué sucede en el ambiente de este niño?"

Como fue enfatizado en un artículo titulado "Buscando el Elemento Criminal", no ha sido comprobado que alguna anormalidad biológica pueda ser la causa de un comportamiento violento, excepto en casos de desorden extremo.

Es mas probable que tal comportamiento sea causado por las acciones inadecuadas de los padres; acciones tales como el abuso de alcohol y drogas, coerción, golpes, crímenes, etc.

En un sentido más general, puede ser más efectiva la creación de un ambiente positivo en el hogar, como sugirió Cautela (1993) al "aumentar el Nivel General de Refuerzo Positivo (NGRP) en el hogar". He encontrado en mis estudios que cuando el

Nivel General de Refuerzo Positivo es muy bajo en el hogar, los incidentes con comportamiento inapropiado son más altos; y que cuando el NGRP es alto, los incidentes con comportamiento inapropiado son bajos, como se ilustra en la Figura 1.

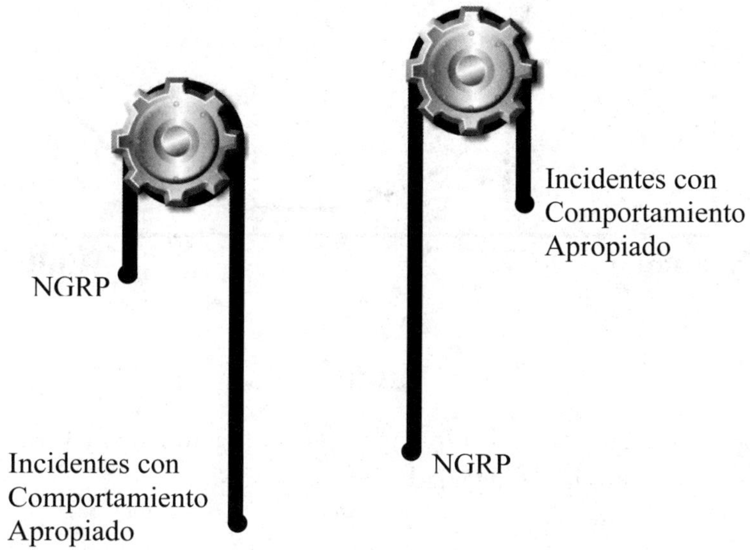

Figura 1. Muestra la relación entre el Nivel General de Refuerzo Positivo (NGRP) e incidentes con comportamiento inapropiado.

El NGRP en el hogar puede incrementarse hasta cierto punto, a través de sonrisas y risas, toques apropiados de mano, conversaciones donde el niño pueda sentirse seguro de poder confiar algo sin ser reprochado, y escuchándolo atentamente. Como se ilustra en la Figura 2, la frecuencia y duración de estos tipos de interacciones entre padres e hijos tienden a disminuir dramáticamente con la edad, cuando en realidad cada uno de estos tipos de interacciones debería mantenerse incrementado en su frecuencia y duración sin importar la edad.

Adolescencia

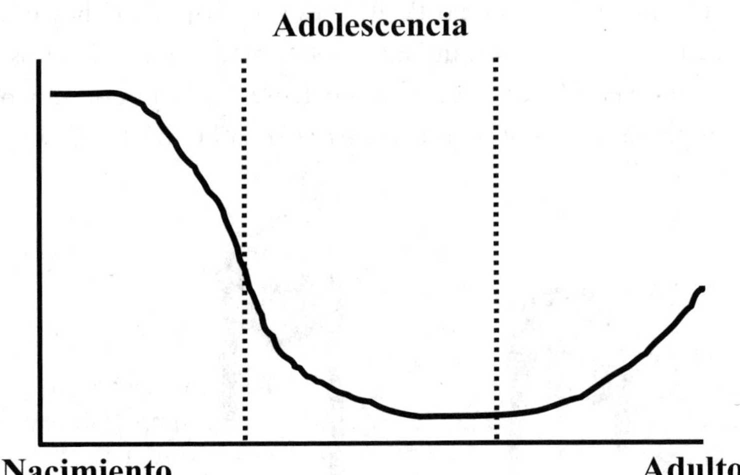

Edad

Figura 2. Muestra la disminución en el contacto físico y verbal entre padre e hijo con la edad.

Sonrisas y Risas

Trabajando con familias donde el Nivel General de Refuerzo Positivo (NGRP) es bajo, encuentro que la gente no sonríe ni ríe. Su semblante es adusto, hosco, serio, y frecuentemente severo. Sus rostros son deprimidos y, cuando esto ocurre, los hijos y los padres se portan mal. El pegar y gritar es acompañado casi siempre por expresiones faciales duras y rostros enojados. Recientemente leí un artículo del periódico en el cual un padre abusó físicamente de su hija: "El estaba enojado e impaciente con el problema de su hija que se orinaba en la cama" (Explicaré esto con más detalle cuando lleguemos al tema Trampa # 8).

El valor terapéutico de la risa ha sido documentado; Es humor hecho sin hacer daño a nadie, saludable, y de buen gusto. Cuando mis seis hijos estaban en casa, nunca permití que pasase un día sin introducir una anécdota humorosa o un chiste de buen gusto. Esta es la levadura del pan en el tema de crianza: mantengan un ambiente liviano. Digan muchos chistes de "buen" humor y desafíen a los niños con ideas que provoquen adivinanzas tales como, "¿Cuántos pares de animales tomó Moisés en el arca?"

Toque Apropiado

Una larga historia de estudios y trabajos clínicos documentan el valor que hay en toques apropiados. La piel es el órgano más grande del cuerpo, teniendo un peso de adulto de 16 libras y un área de 20 pies cuadrados. La piel contiene más nervios que todos los otros órganos combinados, y le gusta ser tocada apropiadamente. Una buena recomendación en este caso es dada por el Cirujano General de los EE.UU.: "El abrazar no engorda, es naturalmente dulce, y no tiene ingredientes artificiales. Es saludable, puro, y lo más importante que se puede devolver."

Ha sido documentado repetidamente a través de estudios médicos que su poder de sanar tiene efecto benéfico en la salud. Un estudio en la Universidad de Miami en el Instituto del Toque encontró que los bebés nacidos prematuros y los cuáles recibieron 15 minutos de masajes 3 veces al día, "fueron dados de alta del hospital seis días más temprano en promedio, ahorrándose $15,000 por cada uno". Con 424,000 nacimientos prematuros en los EE.UU. cada año, ¡ésta simple terapia tiene el potencial de generar ahorros anuales de 6 billones de dólares!
Aún más, los bebés prematuros que recibieron esta terapia estuvieron más alertas, activos, y sensibles. Tuvieron menos episodios de Apnea (un factor de riesgo del Síndrome de la Muerte Súbita Infantil), y ganaron peso 45% más rápido que otros.

Un toque apropiado viene en varias formas: un abrazo, una

palmada en la espalda, un roce en el brazo, y hasta un codo en las costillas para un joven adolescente de parte de su padre juguetón. En la crianza de mis hijos, encontré que el toque físico fue la mejor forma de comunicar mi afecto por ellos hasta en la madurez. Una de mis hijas tenía un letrero en la pared de su dormitorio que decía: "Para sobrevivir, cuatro abrazos al día, para el mantenimiento ocho, y doce para el crecimiento".

Los padres tienen que asegurarse de no permitir que los comportamientos inapropiados de sus hijos los detengan y les impidan tener contacto físico apropiado con ellos. Tampoco su apariencia ni su olor debe impedir ese contacto. Muchas veces los padres se quejan de que a sus hijos no les gusta ser abrazados, o los hijos se quejan cuando sus padres los abrazan. En algunas situaciones, aunque fuera de lo común, puede que sea así. De todas maneras, hay muchas formas de hacer contacto físico apropiado sin abrazar; incluyendo palmaditas en la espalda, un toque suave de los dedos sobre los hombros, un apretón de dedos, y más.

Hablando Sin Peligro

La forma en que los padres hablan a sus hijos tiene un gran efecto en el nivel general de refuerzo en el hogar, y si éste es usado correctamente, es una herramienta para alimentar un crecimiento y desarrollo saludable en nuestros hijos. Tales interacciones incluyen conversar, elogios verbales, expresiones de afecto, reconocimiento de buenas acciones y del comportamiento apropiado, y esto para nombrar solo algunas. Desafortunadamente, como lo expresa el Doctor Murray Sidman, "Es muy raro encontrar padres que hablen con sus hijos, excepto para regañarlos, corregirlos, o criticarlos."

Déjenme darles una advertencia. Cuando los padres conversan con sus hijos debe ser una interacción sin esta clase de peligros. Esto quiere decir que durante la conversación no debe haber esta clase de riesgos que acaben como excusa para criticar al niño o para dar una profunda lección moral que de seguro el niño rechace. Muchas veces los padres distorsionan y arruinan lo que hubiera sido una placentera conversación acerca de los eventos del día al convertirla en una oportunidad para enseñar algo serio acerca de lo que el niño debería estar haciendo o que no debería estar haciendo. Una vez que los niños aprendan que hay un riesgo de esta clase, ellos sencillamente dejarán de conversar con sus padres. Es porque se vuelve una experiencia represiva, y como dijo Sidman, la represividad fomenta que la gente evite, escape, o tome venganza. Los niños sencillamente evitarán conversar con sus padres si es que existe una probabilidad de que tal conversación llegase a llevar un mensaje de sus incapacidades. Consideren los siguientes ejemplos sobre el cómo debemos y como no debemos charlar con nuestros hijos (Escenario 1 y 2).

Escenario No. 1: Defendiendo un Amigo

Sin Peligro

Hija: A mí realmente me da pena Helen. Ella está embarazada y su novio ya no quiere tener nada con ella.

Mamá: Ella ha de sentirse terrible. Yo estoy muy orgullosa de tí, mi amor, por estar preocupada por su situación.

Hija: Yo no sé, Mami. Es tan complicado. Pero yo seguiré siendo su amiga.

Mamá: Qué bueno. Una verdadera amiga es más valiosa que el oro. Y aún más en situaciones como éstas. Tú eres una buena amiga, mi amor. Te quiero mucho.

Hija: Te quiero mucho, Mamá. Es tan bueno hablar contigo aún acerca de cosas tan difíciles como ésta. Tú sí entiendes.

Peligrosa

Hija: Yo me siento realmente mal por Helen. Ella está embarazada y su novio ya no quiere tener nada con ella.

Mamá: Bueno, era algo que estaba listo a pasar. Sólo era cuestión de tiempo. Juega con fuego y te quemarás. Yo no estoy en lo mínimo sorprendida, ni me siento mal por ella. Ella sabía en lo que se metía cuando se enredó con ese don nadie. Tú solamente no te involucres. Mantente lejos de ella. Es su problema, deja que ella lo resuelva.

Hija: ¡Mamá! ¿Cómo puedes decir eso? Helen es una buena muchacha. Ella solo ha cometido un error. ¡Nadie es perfecto! Ni tú, ni yo. No seas tan dura con ella.

Madre: Las chicas buenas no se andan acostando con muchachos bobos. Seguro que ella cometió un error, y lo va a pagar por el resto de su vida. Y tú señorita, no te atrevas hacer algo estúpido como eso.

Hija: ¡No puedo creerte, Mamá! (mientras se retira enojada).

Escenario No. 2: La Defensa Propia

Sin Peligro

Padre: Fue un buen juego el de anoche. Tu escuela realmente logró salir adelante en los últimos minutos.

Hijo: Sí. Nuestro guardia de puntos, Squeaky, jugó muy bien.

Padre: Claro que sí. Además de saber manejar la pelota, entiendo que es un buen joven.

Hijo: El lo es. El está en varias de mis clases y es muy amigable.

Padre: La próxima vez que lo veas, dile que yo creo que jugó muy bien.

Hijo: Lo haré. Se alegrará mucho en saberlo.

Padre: Me avisas cuando sea el siguiente juego. Tal vez podamos ir juntos.

Hijo: Lo haré, Papá, me suena muy divertido.

Padre: Lo estaré esperando.

Hijo: Yo también. Tengo que irme de prisa, te veo luego, Papá.

Padre: Hasta luego, Hijo. Diviértete. Cuídate. Te quiero.

Hijo: Yo también te quiero, Papá. Nos vemos.

Peligrosa

Padre: Fue un buen juego él de anoche. Tu escuela salió adelante en los últimos minutos.

Hijo: Sí. Squeaky, nuestro guardia de puntos, jugó muy bien.

Padre: Claro que sí. Y además de manejar bien la pelota, entiendo que es un excelente estudiante, quien le da a los libros como loco todas las noches. ¿Qué promedio de calificación tiene él para que pueda participar en el equipo?

Hijo: El es un buen estudiante. Tengo algunas clases con él y le va bien. El tiene que mantener al menos un promedio de C+ para estar en el equipo.

Padre: Me sorprende que lo haga tan bien con todas las responsabilidades atléticas que tiene. Hablando del tema, ¿Cuál es tu promedio de calificaciones este año?

Hijo: Todavía no estoy seguro. Entre una C y una C+.

Padre: Hijo de seguro puedes hacerlo mejor que eso. Seguramente tú tienes más tiempo para estudiar que Squeaky. Quiero decir con la cantidad de tiempo que tú tienes, ¡deberías tener una B o mejor!

Hijo: Voy bien en la escuela. Estoy pasando. ¿Cuál es el problema?

Padre: ¡Me dices que solamente pasas! Yo sé que tú puedes hacerlo mejor. Si un muchacho en el equipo de baloncesto puede hacerlo, tú también lo puedes hacer. Tú eres tan inteligente como Squeaky.

Hijo: ¿De qué se trata todo esto? ¿Qué tiene Squeaky que ver conmigo? ¡El vive su vida y yo vivo la mía, y así es como me gusta!

Padre: Te voy a decir de qué se trata. Se trata de tú vida. Sin unas calificaciones decentes será el fin de la escuela para ti. Mira a Squeaky. Ya verás que no solamente lo aceptan en la universidad, sino también le darán una beca en atletismo. Tiene la cabeza donde debe estar. ¡Tú también podrías usar un poquito de eso también, joven!

Hijo: Olvídalo. Me voy de aquí. No necesito esta basura.

Estudios recientes hechos en el campo del comportamiento verbal le han dado un nombre especial e importante a la frase "conversación sin peligro". Los Doctores Betty Hart y Todd Risley (1995) reportan que en lo que yo llamo familias de bajo riesgo, a la edad de cuatro años, los niños han escuchado aproximadamente 45 millones de palabras, de las cuales las positivas fueron seis veces más que las negativas. Y aún más, el lenguaje usado por los padres era más enriquecedor y descriptivo, con vocabulario positivo dicho un poco más de treinta veces por hora. Bajo unas condiciones así, es fácil imaginar un lugar seguro y amoroso.

Otro estudio, realizado por (Wyatt, verano 1997) sugiere que el "lenguaje hablado tiene un gran impacto en el desarrollo del cerebro de los infantes". De hecho, algunos investigadores dicen que el número de palabras que un infante escucha todos los días es el más importante indicador de su inteligencia en el futuro, éxito en la escuela, y de competencia social. Pero hay algo importante – – las palabras tienen que venir de una persona atenta y envuelta en la conversación, y se ha determinado que el radio y la televisión no sirven." Con respecto a esto, yo aconsejo a los padres de infantes que carguen a sus niños para que ellos puedan mirarlos a la cara, así sea cargando al bebé en la cadera, o en una porta bebé amarrado al cuerpo del padre. Esto provee oportunidades adicionales para hablarle al bebé, sonreírle y hasta tocarlo suavemente, cara a cara. Lo cual me lleva al siguiente punto para hacer del hogar un lugar seguro y amoroso: Escuchar atentamente.

Escuchando Atentamente

Los padres necesitan escuchar a sus hijos atentamente, con interés y entendimiento. Es un comportamiento que dice "estoy contigo": haciendo contacto a los ojos, con gestos faciales expresivos, con cortos reconocimientos verbales, inclinándose hacia adelante, y con otras posturas que muestren atención. Esto quiere decir apagando la televisión, guardando el periódico o libro, y eliminando otras distracciones que interrumpan la atención. Como un apenado joven me dijo un día: "Mis padres nunca me miran a los ojos cuando hablamos. Siempre tienen el periódico o están mirando la televisión, y sólo me miran de vez en cuando. Además, siempre están preocupados por otra cosa, y cualquier cosa que yo diga no tiene importancia para ellos." No estamos hablando de algo científico. Lo que les estoy aconsejando es efectivo, fácil de hacer, y bello.

Recuerden, el comportamiento en general es el producto de su ambiente inmediato, y es por eso que la responsabilidad de los padres es la de crear un ambiente estable y positivo en el hogar; eso es un ambiente de apoyo y favorecedor donde vivir.

Si formas apropiadamente el ambiente, entonces el ambiente formará el comportamiento apropiado. El escuchar atentamente es una herramienta muy poderosa para formar tal ambiente.

Principio de Comportamiento No. 2: Las Consecuencias Determinan el Comportamiento

Es lo que le sigue al comportamiento lo que determina si el comportamiento será repetido. Como notó la Dra. Aubrey Daniels, "La gente hace lo que hace por lo que les ocurre cuando lo hacen." En una familia y hogar esto toma un significado especial, dada la frecuencia y calidad de interacciones entre los padres y sus hijos.

De todas las consecuencias que refuerzan el comportamiento de los hijos, no he encontrado nada más poderoso que la atención de los padres hacia los hijos. Al pasar de los años, mientras he trabajado con familias, yo he observado que un promedio de más del 95% de los comportamientos apropiados de los hijos nunca reciben atención de sus padres. Son sencillamente ignorados y se encuentran desafortunadamente en armonía con las creencias de las generaciones anteriores que dicen, "Lo está haciendo bien, déjalo tranquilo." Y por otro lado, los padres prestan atención a los niños cinco o seis veces más cuando los hijos se comportan de forma inapropiada.

Ahora hacemos la pregunta: Si el comportamiento es formado por las consecuencias, y la atención de los padres al comportamiento es una consecuencia poderosa, y si los comportamientos que reciben la atención de los padres son inapropiados, ¿Cuáles de estos comportamientos están siendo reforzados? La respuesta es obvia: es el comportamiento inapropiado. Casi siempre, irónicamente son los comportamientos que molestan y preocupan a los padres los que están siendo reforzados; entonces, esos son los comportamientos que tienen la oportunidad de volver a repetirse y ser pronosticados. ¡Hemos encontrado al enemigo, y ése somos nosotros los padres!

Los hijos pueden llegar a tener tanto deseo de tener atención que no hay distancia a la que no irían para obtenerla. Los padres jóvenes de dos pequeños niños me contaron que estaban preocupados porque les estaban dando demasiada atención a sus niños cuando ellos se comportaban mal, o en forma inapropiada, y que toda esa atención era virtualmente de mal gusto y opuesta a lo que ellos como padres deseaban darles. "A nosotros nos criaron así, y nos prometimos que no criaríamos a nuestros hijos de igual manera. Pero aquí nos encontramos haciendo lo mismo que nos hicieron cuando éramos niños. Nosotros aprendimos rápidamente que la única forma de obtener la atención de nuestros padres era haciendo algo malo, y aunque la atención que recibíamos era usualmente fea y dolorosa, era mucho mejor que no recibir atención alguna." (Una habilidad crítica y fundamental en la crianza, es el poder distinguir un comportamiento con consecuencias y uno sin consecuencias, y el responder apropiadamente a cada uno de ellos. Lo cual examinaremos a fondo más adelante).

Durante mis visitas con jóvenes alrededor del mundo, yo les he hecho la pregunta, "¿Porqué hacen ustedes lo que sus padres les piden?" Sin excepción alguna sus respuestas son las mismas: "Yo lo hago porque si no lo hago, tengo problemas con mis padres". Es una tragedia que la mayoría de los hijos hacen lo que se les pide para escapar de una desagradable consecuencia al no cumplir, en vez de disfrutar las consecuencias positivas de un comportamiento bueno. La cual nos lleva al Principio de Comportamiento No. 3.

Principio de Comportamiento No. 3:
Las Consecuencias Positivas Determinan
un Mejor Comportamiento que Las Negativas

En la Enciclopedia Internacional de Educación, el Dr. Sidney Bijou ha dado la Ley de Oro para una crianza efectiva: "Estudios científicos han mostrado que la forma más efectiva para reducir comportamientos problemáticos en niños es reforzar los comportamientos deseados a través de refuerzos positivos en vez de tratar de debilitar el mal comportamiento usando un proceso negativo".

A pesar del conocimiento documentado, hay una gran inclinación de parte de los padres en controlar el comportamiento de sus hijos usando métodos coercitivos o negativos. En otras palabras, los padres tratan de que los hijos se comporten bien usando amenazas, fuerza física o gritos de enojo, y otras cosas más (Tratado con más detalle en la Estrategia No. 4: Evite las Trampas de la Crianza). Recordando las enseñanzas del Dr. Murray, estos esfuerzos represivos para controlar el comportamiento solamente fomentan que los niños quieran escapar o evitar a ésta persona, y cuando lo hagan, desearán rebelarse.

Esto fue dramáticamente ilustrado cuando yo esperaba en el aeropuerto. Sentado enfrente de mí en el salón de espera para pasajeros había una familia joven compuesta de la madre, el padre, y un niño de aproximadamente cinco años de edad. El niño estaba sentado entre el padre y la madre y estaba haciendo cosas típicas de su edad, las de un niño que está esperando subirse a un avión. El estaba entusiasmado e inquieto, y listo para volar. El padre se volvía más y más enojado con el comportamiento del niño. Abruptamente, miró enojado al niño y alzando la mano con gesto amenazante, le dijo duramente, "¡Siéntate y cállate o te voy a dar una bofetada!" El pequeño inmediatamente se quedó quieto. Muy quieto. El niño miró tristemente a la cara del padre. Después de unos minutos se bajó tranquilamente del asiento y se sentó en el asiento desocupado que había junto a la madre, alejándose lo más lejos posible del padre bajo las circunstancias en las que él se encontraba. Cuando se sentó se arrimó junto a su madre, y la abrazó buscando seguridad en ella. Ese pequeño niño, al encontrarse frente a una situación en la que se usó coerción, tranquilamente evitó y escapó de la presencia de su padre. ¡Imagínense qué es lo que va a suceder entre ese niño y su padre en el futuro dentro de diez o doce años cuando el niño no solamente pueda evitar y escapar sino que tenga la habilidad de rebelarse!

Vemos chicos adolescentes que contrarrestan todo el tiempo, y lo hacen faltando a la escuela, quedándose en la calle hasta muy tarde en la noche, violando las reglas del hogar a propósito, robando dinero a los padres u otros miembros de la familia, y la lista continúa y continúa.

Métodos contrarios y coercitivos utilizados para manejar el comportamiento de los chicos son más peligrosos de lo que creemos, eso es por al menos dos razones. Primero, crea la apariencia de funcionar o de ser efectivo. Como cuando el niño en la terminal del aeropuerto se quedó callado bajo el enojo de su padre, los niños usualmente hacen la voluntad de los padres, haciendo creer a los padres que la acción funcionó: y el niño se comportó bien inmediatamente. Pero lo que los padres no reconocen es que el comportamiento que fue atacado coercitivamente o a la fuerza continuará repitiéndose una y otra vez. La coerción no tiene ningún efecto positivo ni duradero, y no mejora el comportamiento del niño. El niño no aprende como comportarse correctamente, y es por eso que el niño continúa comportándose de igual manera. Recuerden esto: el que los niños obedezcan rápidamente bajo coerción finalmente ocasionará que en el futuro los niños tengan comportamientos inapropiados. ¡Por favor, nunca se olviden de esto!

La segunda razón por la cual éstas medidas negativas y represivas son tan insidiosas es porque a través de generaciones — desde el comienzo del Milenio — han adquirido un falso valor en la crianza de los hijos. Va así: "Así fue como mi abuelo crió a mi padre, y así es como mis padres me criaron a mi. Llegué a ser buen padre, y así es como voy a criar a mis hijos." Es esa misma mentalidad vacía la que ha producido tiranos en nuestra época como: José Stalin, Adolfo Hitler, Saddam Hussein… Un artículo reciente en el periódico habla acerca del ascenso al poder de Mao Tse-tung, al cual describe como "Un Dirigente Inepto y el más Grande Revolucionario de este Siglo". El autor de este artículo notó que "un padre cruel y un maestro muy estricto, en su temprana edad crearon en él un espíritu de rebeldía y esto lo llevó naturalmente a la revolución". Una descripción perfecta de los efectos de la coerción a largo plazo que acabó con rebeldía. La violencia siembra violencia. La paciencia y delicadeza siembran paciencia y delicadeza.

Mi advertencia a los padres en todas partes es ésta: Hagan y digan a sus niños solamente lo que quieran que hagan sus futuros nietos. La coerción produce solamente conformidad y obediencia de corto plazo y pérdidas muy grandes a largo plazo. Mi trabajo con familias revela que la coerción entra en la relación de padres e hijos cuando el niño está comenzando a adquirir el lenguaje — alrededor de los catorce meses. Y es durante este tiempo que los niños aprenden que hay poder en la palabra no.

Típicamente cuando un niño dice no a sus padres, el padre responde duramente y coercitivamente con una nalgada, o enojado le advierte, "¡No me digas que no, haz lo que te mando hacer!"

Al obtener la reacción que uno busca del niño (esto es conformidad inmediata) convence a los padres de que la coerción ha producido resultados. Al pasar el tiempo, el método coercitivo usado para forzar la obediencia crece y crece. Mientras que la coerción se acumula, ésta comienza a poner distancia entre padre e hijo, y el niño escapa para evitar una relación peligrosa. Cuando el niño llega a la adolescencia, éste exceso de coerción se acumula al máximo hasta la edad de 14 ½ años que es cuando el niño no permitirá más ese trato, como se ilustra en la Figura 3. Ella o él les dirá a sus padres, "No lo haré y no pueden forzarme". Y mientras que las cosas van de mal en peor: aparecen comportamientos inapropiados producidos a través de muchos años de conformidad y obediencia inmediata.

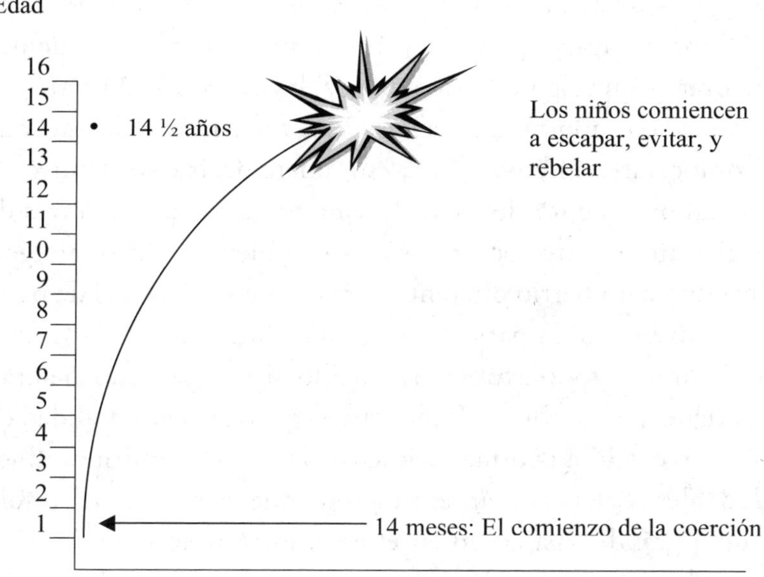

Figura 3: Los efectos negativos de la coerción a través del tiempo.

Principio de Comportamiento No. 4:
El Comportamiento Anterior Es el Mejor
Indicador Del Comportamiento Futuro

A menos que se haga algo para interrumpir o cambiar la dirección del comportamiento, hay una gran posibilidad de que el comportamiento pasado se repita. Es verdad que con la edad los niños cambiarán algunos comportamientos. Y también, algunos comportamientos mejorarán con el cambio de circunstancias del individuo. Recuerden, el comportamiento en general es el producto de su ambiente inmediato. Entonces, cuando el ambiente del individuo cambia, también cambia su comportamiento. Un estudio con 209 niños de edad preescolar, hiperactivos y de comportamiento agresivo, pronosticó que todos desarrollarían conductas antisociales; 177 del total de niños no acabaron así. La única conclusión que podemos descifrar es que algo ocurrió en las vidas de esos 177 niños que hizo que el comportarse sin agresividad fuera más reforzante que el comportarse agresivamente; eso quiere decir que el curso de su comportamiento de alguna forma fue cambiado a través de los distintos eventos ocurridos en su ambiente: nuevos amigos, el cambio a un barrio diferente, el interés especial en él de parte de un maestro o un pariente, y la lista continúa.

El punto de todo esto es muy sencillo: si las cosas van a mejorar, algo tiene que cambiar. Mi mensaje es que la responsabilidad de que estos cambios ocurran es de los padres. Si el adquirir cambios saludables se deja al azar, el riesgo de que esto se resuelva solo es muy grande. Así como en el estudio realizado con los 209 niños, las cosas pueden mejorar con cambios saludables en el ambiente. No hay que ser un experto para entender esto.

Por lo general, los padres no pueden creer que las cosas puedan cambiar. Ellos están envueltos en el pasado, convencidos de que no puede existir ninguna otra forma. Yo recuerdo un matrimonio y su hijo de diecisiete años que acudieron a mí para que los ayudara. Ellos estaban seguros de que ya era "muy tarde". De todas maneras me vi obligado a intentarlo y "tratar una vez más el asunto".

Después de haber conseguido que los padres se comprometieran firmemente a que seguirían adelante con esperanza, con la cabeza en alto, con una sonrisa en los labios, tranquilos, y que harían lo que yo les pidiera, entonces comenzamos a trabajar. Nosotros hicimos ensayos de cómo indicar las expectativas, de cómo seleccionar y aplicar las consecuencias, de cómo dejar que sean las consecuencias las que den el mensaje al niño, y de cómo reemplazar los métodos coercitivos por los no coercitivos en la crianza. Ellos dejaron mi oficina llevando consigo nuevas herramientas y nuevas esperanzas.

Unos días antes de escribir esto, después de haber dado una conferencia a un grupo grande de padres, una pareja se me acercó. Los reconocí como los padres de aquel joven de diecisiete años de edad que pensaban que para su hijo ya era demasiado tarde. Esto es lo que me dijeron: "Creemos que le gustará saber que nuestro hijo ha dejado las drogas, ha dejado de fumar y beber, y regresó a la escuela. Se graduará este fin de año. Y también está ahorrando para servir una misión en nuestra iglesia. Nunca hubiésemos creído que esto ocurriría."

Ahora, no supongan que siempre termina así. Pero, sí sucede frecuentemente. De hecho, con el tiempo, más del 90% de las personas arreglan sus vidas y acaban siendo seres productivos y buenos ciudadanos. Pero algo tiene que cambiar, de otra manera el comportamiento pasado seguirá siendo el comportamiento futuro.

El próximo capítulo describirá cosas específicas que los padres deben hacer cuando sus niños se comportan bien, como escribió el Dr. Bijou (1988): "Los estudios han mostrado que la forma más efectiva de cambiar el comportamiento de los hijos es a través de refuerzos positivos".

Capítulo Dos

Qué Hacer Cuando
Los Chicos se Comportan Bien

Durante tres décadas en las cuales he trabajado con padres, nunca me han hecho la pregunta más importante de todas: "¿Qué hago cuando mi niño se comporta bien?" Cuando llegue el día en que los padres pongan atención primero a las oportunidades para reconocer positivamente el buen comportamiento de los niños, en vez de esperar a reaccionar negativamente o coercitivamente cuando se comportan mal, entonces habrá llegado la era en la que los padres críen bien a sus hijos. Cuando ese día llegue, el trabajo de criar hijos y el de crecer será mucho más placentero para los padres e hijos.

En este capítulo les daré a conocer cuatro cosas que los padres deben hacer cuando sus hijos se comportan bien. Para ser efectivo, padres e hijos tienen que ser parte integral del entero. Los padres tienen que llegar a ser diestros en cada una de estas estrategias y poder usarlas en forma oportuna y consistente. Cualquiera de estas estrategias usada sola, sencillamente no es adecuada.

Estrategia No. 1: Reconocer Verbalmente
El Comportamiento Apropiado en Forma Positiva

Una vez me invitaron a un colegio a dar una charla a un grupo grande de estudiantes acerca de la importancia de las interacciones positivas entre las personas. Cuando acabé, la maestra hizo algo que me impresionó. Ella les pidió a los estudiantes que indicaran, alzando la mano, cuántos de ellos eran regularmente criticados por sus padres por las cosas que hacían mal. Todos alzaron la mano. Entonces, la maestra preguntó cuántos de ellos eran elogiados por las cosas buenas que hacían. Nadie alzó la mano.

Para comenzar, les sugiero a los padres que mantengan un registro escrito de la calidad de interacciones entre ellos y sus hijos, llevando un apunte como se ilustra en la Figura 4. En él les pido a los padres que describan las interacciones positivas o negativas que tengan y hagan un esfuerzo conciente para lograr la meta de tener no más de una interacción negativa por ocho interacciones positivas. Este método es muy consistente con el estudio de los Drs. Betty Hart y Todd Risley que mencioné anteriormente. Como se han de acordar, ellos encontraron que en las familias de "bajo riesgo", es más frecuente que los padres digan seis veces más cosas positivas que negativas a sus hijos.

El tener información de nuestro propio comportamiento puede ser algo muy molesto. Yo lo sé. Constantemente estoy evaluando mi propio comportamiento, lo he estado haciendo por treinta años. Pero vale la pena el esfuerzo. Alguien notó una vez que "el comportamiento que es medido es comportamiento mejorado". Yo creo esto con todo mi corazón. Mientras escribo esto, estoy evaluando mi forma de conducir, y estoy mejorando. Hasta mi esposa ha comentado lo paciente que me estoy volviendo. Y aún más, ella me ha comentado que ahora soy más paciente en otras áreas de mi vida. Esa es una de las cosas maravillosas que sucede cuando trabajas arduamente para cambiar un comportamiento. El buen comportamiento se generaliza a otras áreas.

Descripción de la Interacción	+	-

Figura 4. Evaluación de la calidad de interacción entre padres e hijos

Cuando mejoro mi comportamiento en una área (como al conducir), pronto se mejora mi comportamiento en otras áreas (como cuando voy de compras con mi esposa — ¡lo cual me disgusta hacer con todo mi ser! Pero ahora estoy mejorando. ¡Ahora solo me disgusta con la mitad de mi ser!).

Los padres son capaces de poner atención a sus hijos cinco o seis veces más cuando los hijos se comportan de forma inapropiada. Lo que sugiero es una estrategia que cambiará esto y dirigirá a los padres en la dirección correcta. Lo que esperamos, por supuesto, es que las interacciones negativas cesen por completo. Como padres y abuelos, mi esposa y yo casi nunca tenemos interacciones negativas con nuestros hijos y nietos. El hacerlo sería absurdo. Es muy ineficaz y contra-productivo.

La evidencia del valor de las interacciones positivas en lugar de las negativas para resolver un problema fue muy bien ilustrado por uno de mis estudiantes (Reed, 1994) quien estaba preocupado acerca del "lloriqueo incesante" de su hija de seis años de edad. El tomó información escrita por una semana sobre la calidad de sus interacciones con su hija, incluyendo la frecuencia de sus lloriqueos. Los datos fueron tomados entre las 4:00 y las 8:00 p.m. todos los días, pues éstas eran las horas que él pasaba en casa con ella. Como se explica a continuación, ella lloriqueaba en un promedio de 13 veces al día, durante el cual él tenía un promedio de 10 interacciones negativas y tres positivas. La proporción de interacciones negativas a positivas era un poco más grande de 3 a 1. Enseguida se describe la manera positiva en que el estudiante Reed resolvió este problema, y un reporte de sus resultados. La Figura 5 muestra gráficamente el efecto del tratamiento.

1. *Comportamiento Inapropiado:* Mi niña de seis años lloriqueaba muy seguido por cualquier cosa, y yo respondía con negatividad y coerción cuando ella lo hacía.
2. *Base de Información:* Tomé los datos por una semana, entre las 4:00 y 8:00 p.m. todos los días. Aquí están los promedios de las veces que el comportamiento crítico ocurrió.

El promedio del número de veces que mi hija lloriqueo: 13

El promedio del número de veces que reaccioné negativamente: 10

El promedio del número de veces que reaccioné positivamente: 3

Promedio Semanal de Reacción

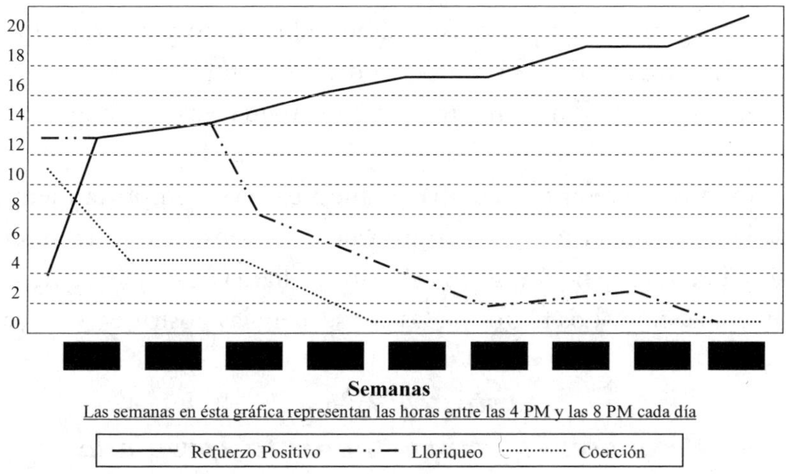

Figure 5. Los efectos del tratamiento en la eliminación del lloriqueo.

3. El Procedimiento para Resolver el Problema:
   - Objetivo: Eliminar el lloriqueo de mi hija y mis reacciones negativas y coercitivas.
   - Tratamiento: Poner el lloriqueo en extinción y reforzar el comportamiento positivo.
4. Resultados: Después de siete semanas, el lloriqueo desapareció completamente; y para la octava semana, tenía un promedio de 20 interacciones positivas al día sin ninguna interacción negativa o coercitiva. También, el comportamiento apropiado de mi hija se generalizó a otras áreas de comportamientos deseados sin ninguna intervención formal. Entre ellas se incluyen:
   - Levantarse de la cama en las mañanas sin que se lo pidan.
   - Tender su cama todos los días.
   - Alistarse para el día sin la ayuda de mamá o papá, (a) vestirse ella sola, (b) peinarse, y (c) poner sus animales de

peluche sobre su cama.

- Poner la mesa para desayunar.
- Seguir el ejemplo de sus padres abrazando y reforzando a sus hermanos, hermanas, su mamá, y su papá.
- Cooperar generalmente con las actividades en el hogar y la familia.

Es muy interesante que aún más que mejorar el comportamiento crítico, la niña comenzó a comportarse mejor en otras áreas sin ninguna intervención formal. Esto se llama los efectos de la generalización. Los frutos de las consecuencias positivas.

Estrategia No. 2:
Reconocer el Comportamiento Apropiado
En Forma Irregular o Sea de vez en Cuando

El poder que tiene un refuerzo positivo intermitente previsto en la formación de un comportamiento, ha sido bien documentado. De hecho, es el refuerzo más poderoso que conocemos. El recibir un refuerzo positivo en el momento menos esperado tiene un poderoso efecto para seguir manteniendo el comportamiento deseado.

Yo sugiero que los padres tengan numerosas interacciones positivas con sus hijos cada hora; interacciones que son enviadas intermitentemente a través del toque apropiado, guiño, una sonrisa, o un elogio verbal placentero del comportamiento que ha llamado la atención del padre (lo cual es tratado ampliamente en las estrategias 3 y 4). No es ambicioso que los padres quieran tener al menos veinte o más interacciones breves e intermitentes por hora con sus hijos, en especial con los pequeños de cuatro a cinco años de edad y aún más pequeños. El resultado será un alto índice de comportamientos apropiados y unos cuantos comportamientos inapropiados.

Para ayudar a que los padres recuerden tener un suficiente número de interacciones positivas que ocurran intermitentemente, sugiero que usen unos recordatorios bien localizados. A algunos de los padres les he sugerido colocar una moneda de cinco o de veinticinco centavos en su zapato. De vez en cuando sentirán molestia con la moneda en su zapato y se acordarán del fin por el cual está allí. Entonces se preguntarán, "¿He tenido una interacción positiva con mis hijos?"

Algunos padres colocan mal un cuadro en la pared o ponen alguna otra decoración fuera de lugar. Algunos se ponen un elástico flojo en la muñeca, o lo que sea, para recordar que deben tener una interacción positiva con sus hijos. Sin estas herramientas de ayuda, con el cúmulo de cosas que los padres tienen que hacer durante el día, sencillamente se olvidan de tener un número apropiado de interacciones positivas con sus hijos que sucedan espontáneamente o de forma intermitente como veremos en la estrategia 3. No es ambicioso desear tener 20 o más refuerzos positivos breves e intermitentes con sus hijos.

Estrategia No. 3:
Reconocer el Comportamiento
Apropiado de Manera Casual y Breve

Cuando los padres observan a su hijo que se está comportando apropiadamente, ése es el momento para dar un refuerzo positivo. Sin ceremonia o mayor cosa posible, el padre debe reconocer el comportamiento usando unas cuantas palabras (no más de ocho a doce), y que tome sólo unos cuantos segundos (tres a cinco es suficiente), y luego que siga adelante con sus demás actividades. Por ejemplo, suponga que dos niños están jugando "en paz", lo cual es un comportamiento que los padres quieren ver con frecuencia. El padre camina muy casualmente por donde los niños se encuentran y dice, "Niños, qué bien se están divirtiendo," les da una sonrisa ó los toca delicadamente, y sigue su camino.

Este ejemplo tomó menos de una docena de palabras, y aproximadamente tres segundos para decirlo. Siendo así, si los padres tuvieran veinte interacciones positivas por hora y cada interacción tomara tres segundos, eso quiere decir que el padre está tomando solo un minuto en interacciones positivas con sus hijos.

¡De seguro que eso no es mucho pedir a un padre! Típicamente los padres dedican más tiempo que eso a las interacciones negativas con sus hijos. De nuevo, citando lo que dijo el Dr. Murray Sidman, "No está fuera de lo común encontrar que un padre solo hable a su hijo para retarlo, corregirlo, o criticarlo".

Es algo muy crítico que estas interacciones positivas sean casuales y que ocurran durante el curso normal de la vida del padre en el hogar, o en algún otro lugar: como en el supermercado, en el parque, en la casa de amistades o parientes, en la iglesia, o en cualquier otro lugar. Las frecuentes interacciones positivas, dadas de manera casual y breve, se pueden acumular para tener un efecto reforzador muy poderoso en el comportamiento positivo.

Estrategia No. 4: Usar una Variedad de Elogios Verbales

Elogio Descriptivo

Como he dicho anteriormente, cuando se usa el elogio verbal para reforzar un comportamiento, es importante que el padre ocasionalmente use un lenguaje que describa el comportamiento que está siendo reforzado. En vez de simplemente decir "Qué buen niño" o "Qué buena niña," los padres deben describir el comportamiento que llamó su atención: "Gracias por venir a comer cuando te llamé," "Gracias por ser tan generoso con tu hermanita," "Me gusta lo bien que estás haciendo tus tareas."

Es muy interesante, pero no fuera de lo común, que ocasionalmente un niño reaccione de forma inapropiada a tal elogio verbal. Por ejemplo, suponga que un hermano dice algo bueno a su hermana, y el padre decide reconocerlo diciendo, "Fernando, aprecio mucho que seas tan bueno con tu hermanita". Es normal que el niño mire a su padre y diga, "¡Odio a mi hermana! Ella es la cosa más boba que he conocido." Si ésta ó algo similar es la respuesta que sigue al elogio verbal, el padre debe sencillamente sonreír, y alejarse sin el menor reconocimiento posible a ese comentario. Toda la atención debe ser dada solamente al comportamiento positivo del niño en la interacción con su hermana, como será visto adelante con más detalle.

El elogio verbal, dado descriptivamente, se vuelve instructivo; y con el tiempo los niños aprenderán lo que les llama la atención a los padres. Ellos aprenden que si el comportamiento inapropiado no es atendido, es tonto gastar el tiempo en él.

Si el ambiente en el hogar ha sido tradicionalmente reactivo y los padres han usado coerción ó métodos negativos y aversivos para manejar el comportamiento de sus hijos, el cambio a un método positivo puede instar a los niños a que aumenten temporalmente la frecuencia y la duración del comportamiento inapropiado. Esto quiere decir que el comportamiento puede empeorar temporalmente antes de mejorar. Si esto ocurre los padres no deben alarmarse sino que deben sostener dicho método. Después de un corto tiempo, el comportamiento inapropiado comenzará a desaparecer rápidamente y el comportamiento apropiado sustituirá éste espacio incrementándose en duración, frecuencia, y tipo, como fue ilustrado por Reed (1994).

Lo que los padres necesitan reconocer es que el comportamiento es el producto del ambiente inmediato, y cuando los niños aprenden que las consecuencias positivas vienen del comportamiento apropiado, y que el ambiente es rico en refuerzos positivos, entonces el comportamiento apropiado volverá a ocurrir. Recuerden, cuando el Nivel General de Refuerzo Positivo es alto, el comportamiento inapropiado es bajo. Es tan sencillo como eso. Pero toma tiempo ver los efectos del tratamiento; sea paciente y manténgase con el programa. ¡Aún el mejor de los remedios no cura la enfermedad instantáneamente!

Elogio Merecido

El elogio debe ser dado sólo cuando se merece. Demasiado elogio por cualquier cosa que los niños hacen bien resulta fastidioso y los niños se cansan de ello. Los elogios comienzan a sonar vacíos. Y al escucharlos tan frecuentemente, los niños comienzan a ser indiferentes ante ellos.

Elogio Sincero

Cuando elogien a un niño, háganlo sinceramente o al menos traten de que así se escuche. Díganlo con una sonrisa en su rostro o con un guiño de ojo, aún cuando el niño se muestre indiferente a lo que ustedes le están diciendo y responda, "Está bien, Mamá. Está bien, ya sé." Estudios científicos han reportado la influencia que tienen las interacciones y las expectativas de los adultos en el comportamiento de los adolescentes; y han encontrado que aunque los adolescentes se muestren indiferentes o sin ningún interés en lo que los padres les digan, a través del tiempo estas interacciones llegan a ser valiosas para los niños, típicamente después de la adolescencia.

Elogios Enriquecedores

Es algo triste pero bien documentado el hecho de que hoy la juventud vaya perdiendo la comprensión de los principios o no aprecien los valores morales y la decencia que al pasar de los siglos han aumentado la felicidad humana y han disminuido el sufrimiento. Hablo de la bondad, lealtad, rectitud, tolerancia, honestidad, trabajo fuerte, agradecimiento, el servicio hacia los otros, la generosidad, y la responsabilidad. La inclinación hacia estos valores de la civilidad disminuyen con el paso del tiempo. Un autor escribió un libro titulado "Society's Ugly New Attitude: You Don't Mind if I'm Rude Do You?" y observó que si la cortesía todavía no ha muerto, está muriendo. Lo vemos en todas partes: Un atleta profesional escupe en la cara de su entrenador, vemos descortesía en el tráfico, al tirar papeles en las vías públicas, al desfigurar los edificios con grabados, al no bajar la palanca del sanitario, al meterse en medio de la línea, al cerrar la puerta en la cara al que nos sigue para salir de un lugar, al no decir por favor o gracias, al emitir comentarios groseros y vulgares acerca de otras personas, el estafar, y la lista continúa.

Particularmente en las generaciones pasadas, los padres han estado tan preocupados para que sus hijos obedezcan que se han olvidado de los valores, la moralidad, y la decencia. Ante la decisión de la Suprema Corte de Justicia al proclamar que la educación debe ser laica, a muchos de los maestros se les ha sugerido que tengan cuidado cuando enseñen, que eviten enseñar moralidad y valores por miedo a que sean acusados de mezclar las cosas de la Iglesia con las del Estado, y sean llevados a la corte. Y ahora estamos pagando por eso: 4000 personas son asesinadas cada año por jóvenes sin conciencia. La violencia aumenta rápidamente. Los jóvenes están cometiendo más crímenes, los peores crímenes — — a una edad más corta que antes (muchos en la adolescencia), sin sentir remordimiento alguno por hacerlo. ¡Sin principios y valores morales, el comportamiento se está volviendo salvaje! Un artículo en la revista del Reader's Digest (Leo, 1998, p 75) reportó los resultados de un estudio entre estudiantes universitarios con respecto al Holocausto. Dicho estudio mostró que del 10 al 20 por ciento de los estudiantes que fueron entrevistados "reconocieron que el Holocausto existió, pero no pudieron admitir que el matar a millones de personas fue una equivocación moral".

¡Debemos cambiar ya! Ustedes pueden comenzar en su hogar simplemente elogiando y reconociendo el buen comportamiento usando palabras que muestran buenos valores:

- "Gracias por ayudarme a lavar los platos"
- "Hiciste un buen trabajo"
- "Terminaste tu tarea"
- "Gracias por ser responsable"
- "Qué bondadoso y amable fuiste al cuidar al bebé"

Mientras los niños no tengan presentes buenos valores al escoger entre lo bueno y lo malo, siempre estarán cerca del peligro. Pero cuando lo que escogen incluya un código de valores, comienzan entonces a elegir entre algo bueno, mejor, o mucho mejor; en tal caso cualquier decisión que ellos tomen será una decisión saludable. Los Padres deben reflexionar seriamente éstos principios.

Capítulo Tres

Qué Hacer Cuando
Los Hijos se Comportan Mal

Ocasionalmente, aún en el ambiente más positivo los niños se comportan mal. Aquí estudiaremos cuatro estrategias que los padres deben usar cuando sus hijos se comportan en forma inapropiada. Cada una de estas estrategias es parte de un esfuerzo total. De hecho, cuando las cuatro estrategias relacionadas con el comportamiento apropiado que he mencionado en el capítulo Dos son usadas en conjunción con las cuatro estrategias relacionadas con el comportamiento inapropiado, que mencionamos a continuación, el resultado es un sistema en el manejo del comportamiento que casi siempre tiene éxito en la crianza de los hijos. Es una analogía similar a la Fábula de Aesop acerca de un haz de palos; en el que individualmente, cada palo puede ser quebrado fácilmente, pero cuando están juntos es casi imposible quebrarlos.

El cómo reaccionar adecuadamente ante un comportamiento inapropiado comienza determinando si el comportamiento es con consecuencias o sin consecuencias. En resumen, el comportamiento sin consecuencias solo es molesto; sin embargo, el comportamiento con consecuencias tiene como resultado que alguien salga lastimado, que su propiedad sea dañada o destruida, y que el ambiente se arruine. Las estrategias No. 1 y No. 2 son usadas en comportamiento sin consecuencias, la estrategia No. 3

en comportamiento con consecuencias, y la estrategia No. 4 en cualquier situación.

Las tres siguientes preguntas pueden ayudarnos a determinar si el comportamiento inapropiado es con consecuencias o sin consecuencias:

1. ¿Cuál es la probabilidad de que el comportamiento sea destructivo y dañino?

2. ¿Cuál es la probabilidad de que el comportamiento inapropiado persista y llegue a ser más que molesto? Por ejemplo, el niño insiste ante una negativa de las siguientes formas: rogando, suplicando, quejándose, etc.

3. ¿Cuál es la probabilidad de que aunque el comportamiento comience sin consecuencias, se desintegre y se vuelva un comportamiento con consecuencias? Por ejemplo, los niños comienzan con burlas y después acaban golpeándose para hacerse daño.

Si la respuesta a alguna de estas preguntas indica una probabilidad baja, intente usar la estrategia No. 1 o la No. 2. Si la respuesta indica una probabilidad alta, use la estrategia No. 3.

Estrategia No. 1: Ignore El Comportamiento Sin Consecuencias

Cuando se trate de un comportamiento sin consecuencias típico de su edad — eso es el comportamiento que no lastime a otra persona y no dañe ninguna propiedad — la mejor respuesta es sencillamente ignorarlo; no ponerle atención. Estudiando el comportamiento en las familias, he notado algo importante: que el 98% del comportamiento de los niños es sin consecuencias que debe ser sencillamente ignorado. La mayoría de las rivalidades entre hermanos, poner apodos, berrinches, y enojo — aunque resulten molestos — no tienen consecuencias y sencillamente no necesitan atención. Cuando no se les toma importancia, desaparecen sin dejar rastro alguno, usualmente en menos de dos minutos. Cuando los padres toman demasiada importancia a éstos comportamientos, retando a los hijos, amenazándolos, y no dejándolos quietos, el comportamiento tiende a persistir.

Yo tuve una experiencia con mi nieto de dos años de edad que ilustra perfectamente el poder de la estrategia de extinción cuando se trate de comportamientos sin consecuencias. El y yo estábamos jugando con bloques, cuando sin ninguna aparente razón, él me tiró un bloque a mí. Sin aparentar estar enojado en lo más mínimo o afectado por esto, yo sencillamente me paré y me alejé. El decir algo como, "No debes de aventar los juguetes a tu abuelo, o "Podrías haberle hecho daño a tu abuelo", habría sido totalmente inapropiado y el resultado hubiera sido reforzar el comportamiento inapropiado.

Me mantuve lejos de él como por treinta segundos y luego regresé a la mesa donde él estaba jugando, y comencé a jugar sin decir ni una palabra. Yo no dije nada como, "Si ahora juegas bien, el abuelo jugará contigo". El decir esto hubiera sido sencillamente reforzar el comportamiento que quería eliminar.

En vez de eso, me senté y comencé a jugar con los bloques como si no hubiese pasado nada. Sólo pasaron unos minutos cuando mi nieto me aventó otro juguete. De nuevo me levanté y me alejé, repitiendo exactamente lo que había hecho anteriormente (Aprendizaje basado en la repetición.).

Después de treinta o cuarenta segundos, cuando estaba jugando bien con los juguetes, volví y comencé a jugar con él nuevamente como si nada hubiese interrumpido nuestro juego. Después de unos segundos él tomó un bloque y pretendió que me lo iba a tirar, pero se detuvo. Me miró y sonrió, bajó el bloque, y comenzó a jugar apropiadamente. Fue entonces cuando elogié verbalmente su comportamiento diciendo, "Gracias por jugar bien con tus bloques". Ese fue el fin del comportamiento inapropiado de mi nieto. Sin ninguna reacción coercitiva o crítica el comportamiento inapropiado desapareció, y fue remplazado inmediatamente con un comportamiento apropiado.

Estrategia No.2: Selectivamente Refuerce Otros Comportamientos Apropiados

Cuando la atención de un adulto es dirigida hacia un niño que se está comportando apropiadamente, aunque los otros niños se estén comportando mal, existe una gran probabilidad de que el comportamiento inapropiado pronto desaparezca y los niños comiencen a portarse bien. Hace unos años fui invitado a un distrito escolar para dar un entrenamiento a los maestros de niños que padecían problemas emocionales. Por razones desconocidas, el distrito estaba teniendo una cantidad inusual de problemas con el comportamiento, particularmente en las clases de los niños con severos desórdenes emocionales.

Cuando la anfitriona y yo llegamos al primer salón por visitar, nos encontramos con un alboroto. De hecho, tuvimos que hacernos rápidamente a un lado para que un niño pasará corriendo mientras la maestra lo seguía. El salón de clases (como se muestra en la figura 6) tenía dos puertas, y fuera de una de ellas, la maestra asistente perseguía a otro niño. Al otro lado del salón un tercer niño estaba parado sobre unos estantes de libros. Cuando entramos al salón él saltó en el aire para tratar de agarrar la lámpara que colgaba del techo. Afortunadamente no la alcanzó y cayó al piso tirando una silla. Sólo unos segundos después, la maestra volvió arrastrando a un niño que pateaba y gritaba detrás de ella. La asistente venía detrás de la maestra arrastrando a otro estudiante. Cuando la maestra de la clase pasó frente a nosotros, mi anfitriona, una oficial del distrito, le dijo seriamente, "Necesitamos hablar", y ellas salieron del salón. Me quede sólo con cinco niños salvajes y la asistente (quien ahora lloraba). Caminé hacia ella y le pregunté si la podía ayudar. Con lágrimas en los ojos, ella dijo, "¡Sí, por favor!"

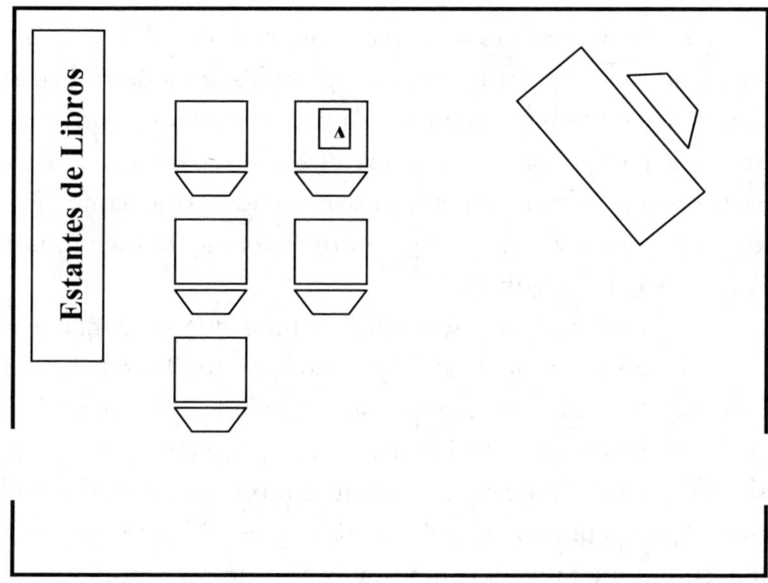

Figura 6: Salón de clases

Rápidamente comencé a estudiar la situación y decidí que sencillamente tenía que poner el comportamiento inapropiado en extinción y seleccionar un comportamiento apropiado que valdría la pena reconocer. Desafortunadamente, ninguno de los niños se estaba comportando apropiadamente; tuve que buscar algo que se aproximara a un comportamiento apropiado. Me alegré cuando lo encontré en la forma de una hoja de tarea sobre el escritorio de uno de los estudiantes. Sin decir una sola palabra, o sin hacer contacto visual con los estudiantes, caminé hacia el escritorio donde estaba la hoja y la miré atentamente. De hecho comencé a comunicarme con ella como si estuviese viva: recorrí mis dedos a través de la hoja, deteniéndome en cada problema. Moví la cabeza como de acuerdo con la respuesta del problema que había sido contestado correctamente. Luego le hablé al papel verbalmente diciendo, "Sí, éste problema está bien hecho. Qué bien."

Antes de comenzar está intervención, puse mi reloj en cero. Yo quería saber cuanto tiempo me tomaría regresar a los estudiantes a sus asientos y a trabajar, usando solamente métodos positivos. Ha sido mi experiencia a través de los años, que cuando la situación sea manejada adecuadamente, los resultados bajo condiciones positivas se pueden obtener en aproximadamente un minuto y cuarenta y cinco segundos.

Como a los veintidós segundos, el niño que se sentaba en el escritorio junto al cuál yo estaba parado se sentó. Inmediatamente le di una palmadita en la espalda, y mirándolo fijamente a los ojos y con una sonrisa, le dije suavemente, "Gracias por tomar tu asiento". Evité hacerle algún comentario por no estar en su silla, como, "¡Tú pequeño animal, ya era tiempo de que te sentaras!" Al decir eso me hubiera comportado peor que el niño.

Entonces comenzamos a estudiar su tarea. Unos segundos después otro estudiante tomó asiento. Le dije al primer estudiante con el cual había comenzado a trabajar, que completara algunos problemas, y que volvería a él enseguida. Entonces me acerqué al niño que recién se había sentado y le dije, "Gracias por tomar tu asiento. ¿Puedo ver tu trabajo?" El niño inmediatamente sacó su tarea de la clase de ciencias sociales de debajo de su escritorio y comenzó a explicármelo. Nuevamente, dirigí mi atención total a este niño y a la apropiada manera en que él estaba respondiendo. Casi instantáneamente los otros tres niños tomaron asiento, y a su debido tiempo los atendí a todos. Desde que comencé a tomar el tiempo en mi reloj hasta que todos los estudiantes volvieron a sus asientos y comenzaron a actuar con un comportamiento académico, sólo transcurrieron un minuto y treinta y nueve segundos, y en ningún momento tuve que hablar en voz alta.

Aunque esta ilustración está relacionada con mi experiencia en un salón de clases, el mismo éxito ó resultados pueden ser adquiridos en el hogar. Si los padres selectivamente refuerzan el comportamiento apropiado de otros niños, mientras ponen en extinción los demás comportamientos inapropiados sin consecuencias, los comportamientos inapropiados finalmente desaparecen al no haber recibido la atención de los padres.

Estrategia No. 3: Pare, Dirija Nuevamente, Entonces Refuerce el Comportamiento con Consecuencias

Ocasionalmente, los niños tendrán un comportamiento que no puede ser ignorado. Esto es lo que yo llamo comportamiento con consecuencias e incluye asaltos verbales y físicos, los cuales pueden hacer daño a otros, destruir propiedad privada, o destruirlos a ellos mismos. Obviamente sería irresponsable ignorar tales comportamientos.

La forma más común en que los padres reaccionan ante tales comportamientos es la de gritar en voz alta y enojarse. "¡Deja de hacer eso…ya!" El padre tal vez hasta intervenga físicamente jaloneando o pegándole al hijo. Una vez que el comportamiento cese, el padre lo regaña usando amenazas inapropiadas que no puede cumplir, y se aleja "echando humo". Aunque el comportamiento haya cesado por el momento, al niño se le ha enseñado lo que no debe hacer y no ha comprendido como comportarse apropiadamente. Esto deteriora el ambiente en el hogar y lo vuelve más negativo, reactivo, y coercitivo. En vez de sencillamente detener el comportamiento inapropiado con consecuencias, los padres necesitan dirigir el comportamiento de su hijo hacia algo apropiado que luego pueda ser reforzado. Yo llamo a ésta estrategia "Pare, dirija nuevamente, y refuerce el comportamiento con consecuencias". Por ejemplo, suponga que un hermano mayor le está pegando al hermano menor con la intención de hacerle daño. Tranquilamente, con resolución y controlando sus propias emociones, el padre debe acercarse al niño que se está comportando mal y si es que no hay la posibilidad de que el niño también le pegue al padre, el padre debe poner sus manos sobre los hombros del hijo, mirándolo fijamente a los ojos por unos segundos, y diciéndole tranquilamente con voz controlada, "No hijo, ese comportamiento no es aceptable en esta casa."

Hay que tener cuidado y no comentar nada de la pelea, ni tampoco hacer un gran lío de esto, ni decir que alguien pudo haber salido herido, etc. Y así como con el elogio verbal, solo unas cuantas palabras deben de ser utilizadas en unos cuantos segundos. El niño puede que quiera seguir discutiendo y decir, "¡Pero, fue su culpa! Tú siempre me culpas a mí. Ella siempre se sale con la suya. ¡La odio!" Aún así el padre debe responder positivamente con empatía y entendimiento, y decir algo así: "Yo sé que estás enojado. Me imagino como te sientes. De todas maneras, ese comportamiento no es aceptable en esta casa." El niño tal vez se queje nuevamente: "Pero, ¿Qué vas a hacer con ella? ¡Ella comenzó!" No traten de responder diciendo algo como, "No te debe importar lo que yo haga con ella, eso es cosa mía". En momentos de tensión, un padre no debe hacer preguntas ni responderlas por razones que veremos en la Estrategia No. 4. En lugar de eso, con empatía y entendimiento, debe decir, "Yo sé que eso te molesta, pero dime como te tienes que comportar, aunque tu hermana te moleste".

Cuando los padres se enfrentan al enojo y ataques defensivos de sus hijos, la manera más apropiada de responder es con entendimiento y empatía enfocándose en las expectativas de lo que el niño debe hacer. En tal ambiente, la posibilidad de que el niño siga discutiendo en defensa de su comportamiento inapropiado es muy remota. Mis datos muestran que cuando ésta estrategia es usada, el 97% de las veces el niño no discutirá y sólo se quejará dos o tres veces.

Una vez que el enojo del niño y su comportamiento inapropiado hayan cesado, es cuando los padres deben redirigir el comportamiento. Es en este momento cuando el padre le debe decir al niño lo que debe de hacer. El padre podría decir lo siguiente: "Ve a jugar afuera", "No molestes a nadie", "Termina tus quehaceres", etc. Podría ser algo así:

Padre: "Puedes quedarte aquí, Hijo, pero espero que no molestes a nadie."

Hijo: "¡Pero no fue mi culpa! Tú no quieres que la moleste, y fue ella la que comenzó. ¡Eso no es justo, quiero pegarle!"

Padre: "Siento mucho que estés enojado, Hijo, pero si quieres quedarte en este cuarto vas a tener que calmarte".

Hijo: "¿Pero que vas hacer con ella? Ella comenzó. Ahora se aguanta."

Padre: "Hijo, si quieres quedarte aquí, ¿Cómo debes de comportarte?"

Hijo: "Tú quieres que me calme. ¡Pero tengo ganas de darle un golpe en el ojo!"

Padre: "Pero en vez de pegarle, ¿qué vas a hacer, Hijo?"

Hijo: "La voy a dejar quieta, ¡pero será mejor que no me moleste de nuevo o voy a darle un golpe!"

Padre: "Me alegra que no le vas a hacer nada. Gracias por calmarte y quedarte en paz."

Entonces, el padre se aleja sin demostrar enojo o frustración en su manera de hablar ni en su actitud.

En este encuentro, el padre nunca cayó en la trampa tratando de decidir qué era justo o quién era el culpable. No intentó responder preguntas que no tenían respuestas. Con empatía y entendimiento, el padre reconoció el enojo y la frustración del niño recordándole como tenía que comportarse, y luego le pidió al niño que le explicara en sus propias palabras como tenía que comportarse aunque estuviera enojado. La instrucción propia es un gran aprendizaje.

Hasta este punto el comportamiento inapropiado se ha detenido y ha sido redirigido. Pero el poder de esta estrategia no puede ser realizado completamente hasta que el comportamiento que ha sido redirigido es reforzado. Para hacer esto, el padre debe esperar unos minutos, y entonces, si el niño se comporta apropiadamente, el padre debe reconocerlo de forma casual, breve, y descriptiva: "Gracias, Hijo, por controlar tu comportamiento. Eso está muy bien. Tú estas ayudando a que el hogar sea un lugar cómodo." Entonces el padre le da una palmadita en la espalda estableciendo así contacto físico con el niño.

Para ayudar a los padres a responder adecuadamente a las diferentes perspectivas del comportamiento de sus hijos, sugiero que usen el formulario de la Tabla 1 en el que se clasifican los comportamientos apropiados, sin consecuencias ó con consecuencias. El recordatorio que se encuentra en la parte inferior de cada columna les ayudará a recordar cómo deben reaccionar apropiadamente ante tales situaciones.

Comportamiento Apropiado	Comportamiento sin Consecuencias	Comportamiento con Consecuencias
Acaba la tarea. Hace sus quehaceres.	Lloriquea. Se queja.	Pega con la intención de hacer daño. Es verbalmente grosero y usa malas palabras.
Juega bien con el bebe. Dice por favor y gracias. Es alegre. Atiende a las mascotas.	Hace berrinches, etc.	Falta a clases en la escuela. Rehúsa hacer la tarea, etc.
Reconocer el comportamiento en forma positiva y reforzadora.	Ignórelo; cuando sea necesario, responda con empatía, "Siento mucho que te sientas así".	Pare, dirija, y refuerce el comportamiento.

Tabla 1: Clasificando el Comportamiento

El tratamiento de los tipos más serios de comportamientos con consecuencias va más allá de este libro, pero es tratado profundamente en mi libro El Poder de una Crianza Positiva: Una Forma Maravillosa de Criar Hijos.

La gran mayoría de los comportamientos con consecuencias pueden ser tratados en el mismo momento sin ayuda adicional, anticipando y practicando la reacción así como la respuesta que tendrían ante tal comportamiento. Por ejemplo, supongamos que un niño presenta un comportamiento con consecuencias al insultar verbalmente a su papá. El niño podría decir algo como lo siguiente: "Tú eres la peor persona que he conocido. Eres feo, gordo, y hueles mal. ¡Te odio tanto!" Una reacción apropiada sería así:

Padre: "Siento que pienses de esa manera, pero me da más pena que permitas que tu coraje te controle en esa forma.

Hijo: "Mi coraje no está fuera de control. Tú lo estás. Toda tú vida está fuera de control. Como padre no sabes nada."

Padre: "A pesar de como te sientas hacia mí personalmente, el atacarme de ésta manera no habla muy bien de ti."

Hijo: "Odio cuando tratas de hacer a un lado la realidad de tu incompetencia con ese jueguito de palabras que haces".

Padre: "Poniendo eso a un lado, ¿Cuál debería ser la forma más madura en que una persona de tu edad maneje su coraje?

En ese momento el niño probablemente reaccionaría en una de las siguientes formas: (1) Salir enojado, y en ese evento el padre seguiría con lo que estaba haciendo; (2) Atacar verbalmente, y el padre diría sencilla y brevemente, "Yo sé como te sientes. Ojala te sientas mejor pronto." Entonces, el padre sonríe y vuelve a sus cosas. Hay que ser muy cuidadosos y no permitir que la interacción tenga más de tres o cuatro cambios verbales; (3) Responder apropiadamente y con decencia "Ya sé lo que tú pretendes. Tu quieres que yo reconozca y acepte que mi comportamiento está fuera de control." Sonriendo, el padre diría, "Gracias", y se va; (4) Insistir en continuar la discusión. Si esto llegase a pasar, la siguiente ilustración describe la manera de responder, lo cual muchos padres han encontrado que funciona, y les da un marco dentro del cual pueden crear una respuesta efectiva para casi todas las situaciones explosivas y persistentes:

Hijo: "¡No me salgas con tus #/*/#* Tú sabes que estoy muy enojado y con mucha razón y no me iré de aquí hasta conseguir lo que quiero! ¿Entiendes? ¡Hasta que lo consiga!"

Padre: (Mirándole tranquila y fijamente a los ojos) "Después de haber escuchado varias veces tu posición sobre esto, sé exactamente cuales son tus preocupaciones. Pero como las emociones están tan alteradas, no voy a discutir más. Tendremos que esperar hasta que las cosas se calmen."

Hijo: "¡No! ¡No! ¡No! Yo no voy a esperar."

Padre: "¿Qué es lo que ganas al mantener esta posición?"
(**Nota:** No respondan a la pregunta. Dejen que el niño se la responda.)

Hijo: "Lo que gano o pierdo no viene al caso".

Padre: "Antes de estar tan seguro de eso, piénsalo unos cuantos minutos. Vas a tener una actividad importante muy pronto y vas a querer usar el carro. Piénsalo bien. Ya hemos discutido bastante ésta situación."

Nota: Asegúrense de recordar a sus hijos cómo es la realidad. Muchas veces los hijos pierden la percepción de la realidad cuando se encuentran alterados por sus propias emociones; entonces tranquila e intencionalmente proceda a hacer otras cosas.

Ustedes se estarán diciendo a sí mismos, "Esto nunca va a funcionar con mi hijo. Usted no lo conoce." No esté tan seguro de ello. Recuerden, el comportamiento es el producto de su ambiente inmediato. Modifiquen el ambiente, y modificarán el comportamiento de su hijo. Es raro que el comportamiento inestable, molesto, y grosero persista en un ambiente tranquilo, agradable, y sereno. Créanme. Sé de lo que estoy hablando. Yo he estado en esa situación muchas veces y nunca me ha fallado. Y ¿Por qué? Porque el método está basado en una ciencia buena y sólida. Háganlo, se alegrarán de haberlo hecho.

Si los padres practican con anticipación las respuestas adecuadas, los hijos aprenderán rápidamente que el continuar comportándose en forma inapropiada no los conduce a ningún lado. ¿Entonces para qué continuar? Es más fácil solucionar el problema cuando los padres no hacen el intento de defenderse a sí mismos, de encontrar la raíz del problema, o tratar de encontrar una solución brillante usando lógica y razonamiento, lo cual simplemente empeora la situación. Aunque sea difícil de creerlo, este método realmente funciona casi todo el tiempo y es lo mejor que pueden hacer en tales situaciones.

Para poder lidiar con ataques previstos de enojo, he recomendado a muchos padres usar las herramientas que se encuentran en la Tabla 2. Para anticiparse al problema, los padres pronostican qué puede ocurrir basados en el comportamiento anterior, y lo que el hijo va a decir ó va a hacer. Entonces, sugiero que los padres preparen una respuesta apropiada; una respuesta calmada y razonable que mantenga las líneas de comunicación abiertas entre el hijo y sus padres. Entonces, dejen que las consecuencias positivas o negativas den el mensaje a su hijo. A la larga, es lo mejor que se puede hacer.

Comportamientos Previstos	Respuesta Apropiada
Mi hijo me dice que no le importa si pasa o reprueba el año en la escuela y no quiere hacer su tarea. El dice, "Odio ir a la escuela, es aburrido y tonto; estaré mejor sin ella."	Algunas veces el ir a la escuela puede ser aburrido. Ojala lo pienses bien. Obviamente yo no puedo obligarte o forzarte a que asistas a la escuela. Eso depende de tí. "Ahora estás enojado. Pero antes de tomar tu decisión, piénsalo bien. Tal vez lo podamos discutir luego. Te quiero mucho.

Tabla 2. Preparándose para un Comportamiento Inapropiado con Consecuencias.

Estas respuestas deben ser preparadas y practicadas con anticipación. Si esperan que primero ocurra una crisis para después decidir qué hacer, ustedes están perdidos. Deben prepararse con anticipación. Ya que el comportamiento pasado es el mejor indicador del comportamiento futuro. Será mucho más fácil prepararse anticipadamente y estar listos para cuando ocurra una crisis.

El no estar preparados les hace vulnerables. Recuerden, ustedes son personas maduras y educadas. Un niño no lo es. Un niño dirá y hará cosas que ustedes como adultos nunca harían con sus padres (aunque siendo niños tal vez lo hicieron). Ese comportamiento inapropiado es típico de la edad. Mientras vayamos pasando las diferentes etapas de nuestra vida, éste tipo de comportamiento inapropiado desaparecerá dando lugar a los buenos frutos que son el producto de nuestros esfuerzos. La cosecha llegará.

Yo he estudiado la ruta de madurez, civilidad, y desinterés, y he observado que se desplaza como en la ilustración de la Figura 7. Esta ruta se desplaza progresivamente hasta el inicio de la pubertad. Durante los años de la adolescencia, la ruta se desploma haciendo que la edad de 13 ½ a 17 ½ años típicamente se vuelven los peores años de la crianza. Es durante estos años que los niños han desarrollado un vocabulario y se han desarrollado físicamente semejantes a un adulto, pero carecen de la madurez y civilidad que todavía no han aprendido. No estando balanceado, el organismo es capaz de hacer cosas raras, groseras, y de tener comportamientos inapropiados. El sentirse invencible parece ser algo natural en ellos, los padres les parecen intolerables y estúpidos ("sin una vida excitante"), y la mortalidad no tiene límites. Es como poner una pistola cargada en las manos de un niño de cinco años de edad. El puede disparar el arma, pero le falta la experiencia necesaria para saber del peligro que su uso puede causar, y las balas se disparan a todas partes. Tal vez es el tiempo de la crianza de sus hijos cuando los padres deben estar más cerca y más involucrados con sus hijos, es durante ésta etapa. Es la última oportunidad que tienen los padres de influir en el comportamiento de sus hijos.

En la estrategia No.4 citaré ocho trampas en las cuales los padres pueden caer y hacer que disminuya la influencia positiva que tienen con sus hijos. Pero antes de presentarlos, quiero hablar de los peligros, a los que yo llamo "comportamiento rezongón", que puede abrir una brecha entre los padres y sus hijos. Lo menciono ahora por que el comportamiento rezongón puede hacer que los padres caigan en dichas trampas, de las cuales es muy difícil salir.

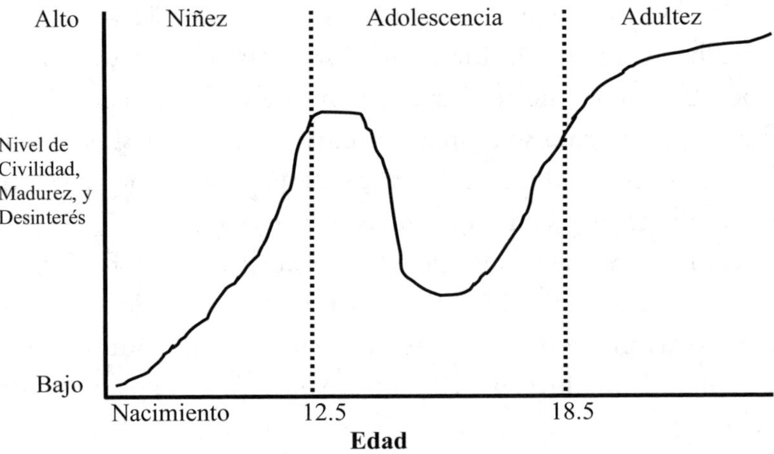

Figura 7: La ruta hacia la madurez, civilidad, y desinterés.

El comportamiento rezongón se refiere al bajo nivel de civilidad en que los adolescentes hacen y dicen cosas que reflejan sus frustraciones y enojos en un momento determinado. Son cosas absurdas generalmente dichas en términos absolutos. "Tú siempre le das lo que él quiere", "Yo nunca hago nada bien", "Tu eres la peor madre que he conocido", etc. Son generalmente acompañadas con berrinches, echando humo, y pataleando. Puede llegar a ser un espectáculo. Recuerden, sólo serán rezongos. Como padres nos equivocamos cuando tomamos todos estos disparates literalmente, cuando los creemos, ó cuando permitimos ser intimidados por ellos. La mayoría de las veces sólo son un espectáculo, un fanfarroneo, y debería ser visto por los padres como una comedia barata y no como una obra de teatro.

La tabla 3 da varios ejemplos de comportamiento rezongón, y como los padres pueden ser atrapados por él, ó como pueden mantenerse a salvo controlando la situación.

Comportamiento Rezongón	Cayendo en la Trampa	Manteniéndose a Salvo
"¡El comenzó!"	"¡Tú siempre culpas a otros!" "¡Bueno, ésta vez no funcionará!"	"Tal vez él lo hizo. Lo siento mucho. Pero de todas maneras ¿Qué es lo que espero de ti aunque otra persona haya comenzado?"
"Te odio. Tú eres la peor madre que he conocido. ¡Preferiría ser basura o no haber nacido que ser tu hijo!"	"Basura es exactamente lo que eres. No eres tan bueno que digamos, hijito."	"Estás muy enojado. Tal vez tengas una buena razón para estar enojado. Mejor hablamos cuando estemos calmados."
"Tú nunca escuchas lo que yo digo. Hablar contigo es como hablarle a la pared."	"Cuando tú me hablas de esa manera quisiera convertirme en pared."	"Lo tomaré en cuenta la próxima vez para no parecer que estoy desinteresado."
"No puedo esperar más, tengo que salir de este mugroso infierno."	"Bueno al menos tenemos algo en común."	"Me imagino que a veces te sientes encerrado en la casa. Creo que es normal sentirse así."
"Tú no me quieres y eso realmente duele mucho."	"Mi amor, yo te quiero mucho. Tú sabes eso ¿Cómo puedes sentirte así después de todo lo que hago por ti?"	"Qué lástima que te sientas así, mi amor. Vamos a intentar que eso mejore."

Tabla 3: Evitando la Trampa del Comportamiento Rezongón.

El comportamiento rezongón tiene que ver con todos nosotros. Lo observamos en el tráfico diariamente con gente que hace señas obscenas, que grita, que pita el claxon a la menor provocación, etc. Lo vemos en los supermercados con gente grosera que se enoja porque algunos clientes son lentos, porque el cajero no es eficiente, ó porque el servicio no es rápido. Cuando reaccionamos a éste tipo de comportamiento rezongón, caemos en la trampa. Yo tuve una experiencia en la cual si hubiese reaccionado a un comportamiento rezongón me hubiera metido en un gran problema. Estaba viajando a California para impartir una conferencia; mi avión estaba retrasado y no pude encontrar un restaurante para comer hasta después de la hora del almuerzo.

Después de pedir la orden, tome asiento en una mesa en el rincón y sin darme cuenta, fijé la vista intensamente sin mirar específicamente a nadie. De repente me sorprendió un hombre grande y muy enojado que furiosamente me dijo, "¿Qué me ves?" Moví la cabeza para salir de mi letargo y estar conciente de que ese hombre se encontraba frente a mí y el suponía que yo lo miraba fijamente. Afortunadamente tuve suficiente inteligencia para no caer en la trampa al responder su pregunta o ponerme a la defensiva. El hombre me pudo haber quebrado en dos como a un fósforo. Yo tomé la ruta segura.

Yo: "Lo siento. No estaba conciente de que le miraba fijamente. Estoy cansado ya que mi vuelo llegó tarde. Si lo he ofendido, verdaderamente lo siento y le pido que me disculpe."

El: (Sorprendido, callado, y un poco avergonzado por su comportamiento). "No. No hay problema. Olvídelo. Fue mi error," mientras se alejaba en silencio.

Yo me sentí muy bien con el resultado y recordé una vez más los beneficios duraderos que logramos al responder apropiadamente ante un comportamiento rezongón. El hecho de que los dos hayamos salido del restaurante contentos y sin daño alguno, fue mejor que haber salido en la camilla, golpeado por un hombre enorme y enojado — esto sucede en diferentes formas miles de veces al día en todo el mundo. Gente atrapada dentro de un comportamiento rezongón y, al reaccionar en forma inapropiada, provocan experiencias de severas consecuencias.

Estrategia No. 4: Evite las Trampas de la Crianza

Mientras he trabajado con familias, me han impresionado los esfuerzos mal dirigidos que frecuentemente hacen los padres en un intento desesperado de manejar el comportamiento de sus hijos. Un análisis cuidadoso de estos desesperados esfuerzos ha revelado lo que yo escogí llamar "Trampas de la Crianza". A continuación doy una breve explicación de las ocho trampas más comunes. Recuerden, nuestro trabajo como padres es crear un ambiente donde el Nivel General del Refuerzo Positivo sea alto, de este modo incrementamos la probabilidad de que el comportamiento inapropiado sea bajo. El evitar estas ocho trampas será una valiosa ayuda.

Trampa 1: La Crítica

El criticar verbalmente a los hijos por no hacer bien las cosas no los motiva a hacerlas mejor; sin embargo, la crítica solo aumenta el sentido de incompetencia en el niño y le hace perder su deseo de mejorar el comportamiento (escapa y evita). Bajo el pretexto de la "crítica constructiva", los padres no pueden engañar a nadie. Expresiones como la siguiente realmente no tienen ningún valor: "Simplemente no puedo entender porque no hiciste mejor ése examen. Todos sabemos que tienes la capacidad de hacerlo, si sólo te aplicas. ¿Es demasiado pedir que lo hagas bien sabiendo lo que puedes hacer?"

Aquí el padre simplemente saca su frustración, y el niño sabe muy bien que lo que le dijo fue simplemente un regaño disfrazado, dado por un padre enojado y desesperado que ha perdido el control.

En lugar de criticar, los padres deben expresar un genuino interés por el bienestar del niño, decirle nuevamente lo que esperan de él y después manejar los riesgos y de ésta forma podrán controlar el comportamiento. Por ejemplo:

Padre: "Hijo, sólo queremos que sepas que estamos preocupados y que deseamos que tengas éxito en la escuela y esperamos que hagas tu mejor esfuerzo."

Hijo: "Estoy haciendo lo mejor que puedo. ¿Qué más quieres de mí?"

Padre: "Nosotros esperamos que te apliques y que te enfoques seriamente en tus estudios. ¿Qué entiendes cuando decimos que te apliques?"

Hijo: (Enojado) "¡Yo sé lo que tú quieres! Tú quieres que haga mi tonta tarea y que la entregue. Odio esa clase. La maestra es la estúpida número uno. Es muy aburrida."

Padre: "¡Exacto! Hacer tu tarea y entregarla a tiempo será un buen primer paso. ¿Qué más puedes hacer?"
(**Nota:** El padre nunca dijo que la tarea era tonta, la maestra una estúpida, o que la clase era aburrida. Todo esto es simplemente un comportamiento rezongón. Ignórenlo. El padre enfocó toda su atención en el que el niño hiciera la tarea y la entregara a tiempo.)

Hijo: "No sé".

Padre: "Cuando se acerque el período de exámenes, ¿Qué puedes hacer para prepararte mejor?"
(**Nota:** Los padres nunca deben decir a sus hijos algo que ya saben; sin embargo, deben crear un escenario donde el niño se sienta libre de riesgos y se pueda expresar.)

Hijo: "Estudiar. Ya sé que debo estudiar. ¡Qué pérdida de tiempo es estudiar para una tonta clase!"

Padre: "¡Correcto! Estudiar es la llave. Y cuando hagas la tarea, la entregues a tiempo, y estudies para tus exámenes, tendrás más privilegios de los que ya tienes. ¿Cuáles son algunos de estos privilegios?"

Nota: En ese momento el padre le debe explicar al niño las consecuencias que recibirá por cumplir o no cumplir con las expectativas. Eso es, una vez que el niño haga lo que se espera de él (estudiar/hacer la tarea), recibirá privilegios más deseables (ver televisión, usar el carro, etc.). Es la vieja ley de los abuelos: come tus vegetales y tendrás postre y helado.

De este modo la responsabilidad recae sobre el niño. La responsabilidad de los padres es crear un ambiente que le dé al niño razones para hacer su mejor esfuerzo y de ese modo recibirá beneficios positivos. Durante veinte años realizando un estudio acerca de la educación, visité a varias escuelas y salones de clase en cada uno de los cincuenta estados de la Unión Americana, en todos los territorios y protectorados Americanos, y en catorce países extranjeros. Como parte de éste estudio, pregunté a cientos de estudiantes: "¿Por qué haces las tareas que te asignan en la escuela?" Sin excepción ellos respondieron: "Porque si no la hago, estaré en problemas" (precisamente la misma respuesta que me dan mis hijos en casa cuando les hago la misma pregunta. Esta es la vieja táctica de comportarse bien sólo para evitar las consecuencias negativas en lugar de hacerlo para disfrutar de los privilegios que da un comportamiento apropiado.

Cuando un niño es criticado por no hacer las cosas como podría ó debería hacerlas, cuál es la probabilidad de que el niño diga: "Gracias. Necesitaba que me dijeras eso. De aquí en adelante haré mi mejor esfuerzo aunque no lo quiera hacer."

Trampa 2: El Sarcasmo

Tal como la crítica, el sarcasmo no tiene absolutamente ninguna característica saludable. Es un desesperado esfuerzo para manejar el comportamiento de los hijos por falta de habilidades en los padres. El llamar a un niño por sobrenombre como "mariquita" o usar palabras como "boba" no tiene ningún propósito más que degradar al niño y poner más distancia entre él y sus padres. Un joven de 15 años me dijo recientemente, "Mis padres siempre me recuerdan que no soy un tonto; que soy lo suficientemente inteligente para estar siempre en problemas". Los padres típicamente usan el sarcasmo disfrazado de humor. Esperando que funcione como un aguijón que ayudará a mostrar una lección que no se ha podido enseñar anteriormente. Pero los padres necesitan saber sin lugar a dudas que este tipo de palabras no llevan un buen mensaje ni proveen ninguna motivación que estimule a los hijos a tener un mejor comportamiento. Estas no son ni más ni menos que palabras represivas que estimulan a los hijos a querer escapar y evitar la coerción teniendo como resultado un comportamiento peor.

Trampa 3: Las Amenazas

Existen por lo menos tres razones por las cuales las amenazas tienden a ser menos eficaces y contraproducentes. Primero, son declaraciones ofensivas y vacías, ya que se dicen en momentos de enojo; Segundo, casi nunca se cumplen ya que por lo general son declaraciones absurdas que no podrían ser cumplidas aunque los padres quisieran hacerlo; y tercero, mete a los padres en apuros al intentar salir de la trampa en la cual hayan caído. Considere este ejemplo: En un arranque de cólera, el padre grita, "Estoy harto, jovencito, sigues cometiendo estupideces, y ésta es la última vez. Estás castigado por seis meses. ¿Entiendes? ¡Seis meses sin auto, sin televisión, sin dinero, sin nada!" Entonces el padre se retira lleno de ira, jadeando — y media hora después se dice a sí mismo, "¡Eres un idiota! ¿Cómo vas a salir de éste problema? ¿Acaso nunca vas a aprender?"

Un remedio efectivo para las amenazas es que los padres se detengan, respiren profundo y digan, "Temo que pueda manejar mal ésta situación si sigo sintiéndome así, permíteme unos minutos para calmarme. Regreso pronto." El padre se retira a un lugar tranquilo y seguro para calmarse, practica una respuesta apropiada, regresa y dice, "Respecto a ésta situación, es obvio que tu comportamiento trae consigo consecuencias desagradables. Lo vamos a discutir ahora." Entonces, el padre procede apropiadamente. Los resultados de una respuesta tan tranquila, deliberada, y positiva son generalmente sorprendentes y efectivas, y el manejo de autocontrol modelado por el padre tendrá un efecto profundo e instructivo en el hijo y le ayudará a controlar el enojo y el estrés en su propia vida. En lugar de usar amenazas los padres deben concentrarse en explicar y cumplir las consecuencias de la siguiente manera: 1) explicarlas sin enojo, 2) explicar claramente las consecuencias de un comportamiento inapropiado, 3) cumplir con exactitud dichas consecuencias. Como conclusión, las consecuencias deben ser razonables y acordes al comportamiento inapropiado.

Trampa 4: La Lógica

El uso de la lógica es típicamente un intento inútil para impresionar al niño con la inteligencia del adulto, y rara vez funciona. Aún no he escuchado a un padre que me diga lo siguiente: "Al explicar lógicamente las cosas a mi hijo, él me respondió, "Mamá, que cosa más importante es la que acabas de decirme. ¡Ahora puedo ver claramente mis errores! De hoy en adelante me aseguraré de que mi comportamiento sea guiado por tus sabias palabras."

Lo mas seguro es que los hijos responden a la lógica de los adultos con frases como ésta: "No sabes de lo que estás hablando. ¡Sé realista!" Para ellos no es sabiduría, son sólo cosas de viejos, y ellos simplemente no pueden identificarse con ésas ideas. A los padres se les sugiere que guarden silencio en lugar de usar la lógica como una herramienta más para controlar el comportamiento.

Ciertamente es apropiado en momentos de calma usar la lógica para explicar una situación ó ayudar a un niño a entender porqué algo ha pasado ó qué pasará en el futuro. Si la lógica es usada en ésta forma les aconsejo que lo hagan cuando el niño esté calmado y pueda ser razonable.

Trampa 5: El Discutir

Como ya sabemos que el discutir es una forma absolutamente ineficaz de manejar el comportamiento de los hijos, no perderé el tiempo repitiendo lo mismo. Un hombre sabio dijo una vez, "El discutir con un niño es como luchar con un cerdo. Los dos se ensucian pero al cerdo le encanta." Hay una forma de discutir que es tan sutil que los padres ni siquiera se dan cuenta de que están discutiendo; sin embargo, ellos se ven a sí mismos siendo compasivos e interesados en el bien de su hijo. Por ésta razón yo le llamo "Discutir con Compasión". De todas formas es discutir. Por ejemplo:

Hijo: "No tengo amigos. Debe ser porque soy el mas feo de la escuela."

Padre: "No, tú no eres feo. Eres guapo y tienes algo especial. Deberías estar orgulloso de ser quien eres."

Hijo: "No, no estoy guapo y no tengo ninguna razón para estar orgulloso de mí mismo. Si fuera tan bueno como tú dices, tendría más amigos. Tú bien sabes que no tengo amigos."

Padre: "¿Qué quieres decir con que yo no tengo amigos? Tus amigos siempre vienen a la casa. Obviamente tienes más amigos de los que tu crees."

Hijo: "Hey, quien tú piensas que son mis amigos y quien yo quiero que sean mis amigos son dos cosas diferentes. Si supieras como son realmente las cosas en mi vida, sabrías que soy tan feo como yo me siento."

En un intercambio así, observamos una interesante variación en la discusión. El padre discute en defensa del hijo, lo cual el hijo rechaza. Por su parte el hijo discute en defensa de las imperfecciones que él percibe de sí mismo, lo cual el padre rechaza. Pero no importa cómo es analizada la situación, el resultado final es que todo lo que el padre dice y todo lo que el hijo dice simplemente están reforzando la percepción del niño de sus propias imperfecciones. No importa en qué forma esté estructurada, la discusión siempre es contraproducente.

Trampa 6: El Interrogar

Los padres siempre cuestionan a los hijos acerca del comportamiento inapropiado: "¿Por qué le pegaste a tu hermana?", "¿Qué es lo que estás haciendo?", "¿Cuántas veces te tengo que decir que dejes de hacer eso?". A menos que los padres necesiten información para poder resolver un problema, ellos nunca deberían — repito, nunca — cuestionar a los niños acerca de su comportamiento inapropiado. Existen tres razones para no hacerlo. Primero, el cuestionar a un niño acerca de su comportamiento inapropiado típicamente fomenta en él la mentira, el ser evasivo, ó estar a la defensiva. Tales cuestionamientos tienden a ser amenazas y en ese momento la mentira llega a ser un escape fácil y conveniente para salir del problema. Podrá ser evasivo con frases como: "¡El comenzó! No es mi culpa," ó estará a la defensiva diciendo, "¿Por qué siempre me echan la culpa a mí?"

Segundo, cuando los padres cuestionan a los hijos acerca de su comportamiento inapropiado, ellos no desean realmente una repuesta; lo que pretenden es que el niño reconozca su comportamiento inapropiado e intente mejorarlo en el futuro. Y al recibir una respuesta sea verdadera o falsa nunca satisface a nadie. De hecho, tales respuestas casi nunca son aceptadas por los padres. Consideren el siguiente ejemplo:

Padre: "¿Porqué le pegaste a tu hermana?"
Hijo: "Le pegué porque está muy fea, y sólo quería arreglarle la cara".

El hijo respondió a la pregunta. ¿Acaso la respuesta le dio al padre alguna información que le ayudará a resolver el problema? Cuán probable es que el padre responda diciendo, "Ya veo. Es cierto lo que dices. Tu hermana está muy fea y debemos hacer algo para cambiarla. Te agradezco que me lo recuerdes. Haremos algo para resolverlo." Tal respuesta es obviamente tan absurda como la que dio el niño.

¿Acaso la respuesta le dio al padre alguna seguridad de que el niño no volvería a pegarle a su hermana? Qué posibilidad existe de que el padre responda diciendo, "Muy bien, Hijo. Estuvo perfectamente bien que le hayas pegado a tu hermana pero quiero asegurarme de que nunca mas volverás a hacerlo." Es otra respuesta absurda a una pregunta tonta.

Los padres casi nunca cuestionan a sus hijos acerca de su

comportamiento inapropiado con una razón constructiva ó con el propósito de resolver el problema. Ellos hacen preguntas porque en ese momento es una buena forma de desahogarse. Desafortunadamente, el resultado final es que la relación entre padre e hijo empeore en lugar de mejorar. La tercera razón por la cual los padres nunca deberían cuestionar el comportamiento inapropiado de sus hijos es que los padres dirigen la mayor parte de su atención hacia el comportamiento inapropiado; por lo tanto se incrementa la probabilidad de que el comportamiento inapropiado recurra en el futuro. De nuevo, los padres nunca deberían cuestionar a sus hijos acerca del comportamiento inapropiado, a menos que realmente necesiten información para resolver el problema. Cuando dos de mis hijos eran niños, el mayor de ellos le dio a su hermanita menor un frasco de aspirinas para niños. La pregunta, "¿Cuántas aspirinas comió ella?" fue razonable porque nos ayudó a determinar si nuestra hija necesitaba un lavado de estómago — lo cual sí fue necesario. El haberle preguntado a nuestro hijo, "¿Por qué le diste de comer a tu hermana las aspirinas?" hubiera demorado el tratamiento (Resultó que los dos necesitaban lavados estomacales).

Una madre me escribió: "Me da vergüenza pensar que yo he preguntado a mi hija "¿Quieres que te dé una nalgada?" Qué pregunta tan estúpida. ¿Cómo iba a responder la niña? "Seguro mamá, me encantan las nalgadas. Soy miembro del club de jóvenes masoquistas."

Trampa 7: Fuerza Verbal ó Física

Los intentos coercitivos de manejar el comportamiento se muestran a través de la fuerza física ó verbal más que de cualquier otra forma, y los resultados son predecibles: una tendencia por parte del niño de evitar, escapar, ó usar esos mismos métodos.

Cuando se usa la fuerza, los padres de niños pequeños siembran la semilla de la infelicidad, la cual llegará a florecer durante su adolescencia. Los padres pueden salirse con la suya usando la fuerza física cuando sus hijos son jóvenes, pero cuando ellos crecen ése método se vuelve menos efectivo, mas divisivo y causa efectos destructivos en la relación entre padres e hijos. Con respecto a esto, mi advertencia a los padres es simple: "A menos que lo que vayan a decir ó hacer a sus hijos tenga una alta probabilidad de que las cosas mejoren, no lo digan y no lo hagan".

No se debe golpear, estrujar, jalonear, ó gritar a los hijos. Yo podría fácilmente triplicar el volumen de este libro describiendo los efectos desastrosos a largo plazo del uso de la fuerza física ó verbal como un estímulo para que los hijos se comporten bien. Simplemente no lo hagan. Mientras más golpean los padres a sus hijos, peor es el comportamiento. Mientras más les gritan, menos escuchan, y peor es el comportamiento. Esto es predecible.

Trampa 8: Desesperación, Súplica, Desesperanza

Consideren este lamento que los padres frecuentemente hacen cuando sus hijos no obedecen: "Yo no sé qué hacer contigo. Lo he intentado todo. Simplemente ya no tengo ideas. No tengo la más mínima noción de cómo hacerte cambiar." "¿Tienes tú alguna idea?" ¿Qué repuesta pueden esperar los padres a una pregunta como ésta? Obviamente no es una respuesta lo que el padre busca. Recordando la Trampa 6, qué probabilidad hay de que el niño responda lo siguiente: "Bueno, Mamá, de hecho tengo algunas sugerencias para ti. Pasé algún tiempo visitando la biblioteca leyendo literatura acerca del comportamiento, y hay distintas posibilidades para mejorar tu capacidad en la crianza de los hijos. Si gustas, yo estaré más que feliz si juntos leemos más acerca del tema; y entre los dos, estoy seguro de que encontraremos la forma de cambiar mi comportamiento y al mismo tiempo hacerte una madre más competente." Créanme, si un niño responde a uno de sus padres así, sería mejor que estuviera fuera del alcance de su padre; de lo contrario, el encuentro podría degenerar de verbal a físico rápidamente.

Obviamente, comentarios como éste no hacen más que convencer a los hijos que sus padres son incompetentes y que no saben nada de la crianza de los hijos. Una sencilla y fácil combinación de empatía, entendimiento, orientación, y consecuencias puede evitar que los padres caigan en las trampas. Por ejemplo:

Padre: "Siento que hayas escogido comportarte de esa manera. Supongo que en ese momento pensaste que era una opción razonable, aunque ahora ves que no fue así. ¿Cuál hubiera sido la mejor manera de responder?"

Hijo: "Yo hice exactamente lo que quería hacer. Odio a mi hermana y quisiera pegarle cuantas veces pueda."

Padre: "Es obvio para mí, Hijo, que eso es lo que quieres hacer. ¿Pero qué es lo que deberías hacer?"

Hijo: "Bueno, yo supongo que tu quieres que la deje en paz".

Padre: "Correcto, Hijo. Esa es una excelente respuesta. Aprecio tu madurez. Espero que no vuelvas a tocar a tu hermana aún cuando te haga enojar. Ahora me gustaría ver qué vas a hacer en el futuro cuando tu hermana te moleste y tengas ganas de pegarle. Ve al otro lado del cuarto y pretende que tu hermana está cerca de ti, que ha hecho algo para molestarte, y que tienes ganas de pegarle. Enséñame lo que vas a hacer."

Hijo: (El hijo cruza la habitación y ensaya alejarse de su hermana.) "Supongo que eso es lo que quieres que haga."

Padre: "Correcto, Hijo. Eso es exactamente lo que tienes que hacer. Ahora me has demostrado lo que vas a hacer en el futuro. Simplemente te vas a alejar de tu hermana sin pegarle y sin decirle groserías. Además, hijo, cuando te controlas y te alejas de ella sin pegarle y sin ser grosero, estás ganando algunos privilegios valiosos. ¿Cuáles son algunas de las cosas que realmente disfrutas en casa?"

Hijo: "¿Me estás diciendo que si le pego a mi estúpida hermana, no voy a poder jugar Nintendo?"

Padre: "Bueno, el Nintendo es una de las cosas que disfrutas. ¿Que otros privilegios hay aquí en la casa que realmente disfrutas?"

Hijo: "Bueno, me gusta andar en bicicleta, y me gusta ver televisión, y que me den dinero el fin de semana".

Nota: Invitando al niño a identificar los privilegios que realmente disfruta es la mejor forma de identificar cuáles consecuencias son más valiosas para el niño, y éstas tendrán el mejor efecto en el manejo de su comportamiento.

Padre: "Estoy de acuerdo, hijo. He notado que ésas cosas son realmente importantes para ti, y quiero que sepas que si tú te comportas mejor — ¿Y que quiero decir cuando digo comportarte mejor?"

Hijo: "Eso significa no pegarle a mi hermana. Solo me alejaré de ella." (Mientras murmura diciendo, "Odio a mi hermana. Quiero que se muera.")

Padre: "Muy bien, hijo, eso es exactamente lo que espero ti: que manejes tu propio comportamiento, que significa no pegarle a tu hermana. Y cuando te comportas bien, ¿Qué privilegios ganas?"

Nota: Deberá poner énfasis en "privilegios ganados". El niño deberá aprender que los privilegios dependen de su comportamiento. Nada es gratis.

Hijo: "Entiendo lo que me dices, Papá. Tú me dejarás andar en bicicleta y jugar con mi Nintendo y todas esas cosas."

Padre: "Correcto, Hijo. Tú ganarás esos privilegios cuando quieras. Y eso es excelente. Por otro lado, no debes dejar de comportarte bien — ¿Y qué quiero decir cuando digo dejar de comportarte bien?"

Hijo: "Bueno, dejar de comportarme bien significa pegarle a mi hermana".

Padre: "Exacto, es cuando le pegas a tu hermana. Si tú haces eso ¿Qué privilegios te niegas a tí mismo?"

Hijo:

"Ya sé de qué me estás hablando, Papá."

Padre: "Entonces, hijo, ¿Qué puedo esperar de tí en el futuro cuando tu hermana te moleste?"

Hijo: "Supongo que debo dejarla en paz, y esperar que el camión de la escuela la atropelle".

Padre: "Me da gusto, que entiendas lo que espero de tí, Hijo".

Nota: Es importante que todo el comportamiento rezongón, típico de la edad, como "Odio a mi hermana", "Mi estúpida hermana", "Espero que el camión de la escuela la atropelle", son comportamientos sin consecuencias que deberán ser puestos en extinción. Recuerden, nunca deberán poner atención a un comportamiento que no desean que se repita, a menos que sea un comportamiento que tenga consecuencias, el cual debe ser tratado más profundamente.

Además, cuando los padres muestran su desesperanza y desesperación es cuando los verdaderos problemas comienzan.

Es cuando comienzan los golpes y los gritos, dejando la puerta abierta al abuso. Los padres que abusan de sus hijos con golpes, gritos y amenazas, dejan de sonreír. "Sigan sonriendo."

64

Capítulo Cuatro

Drogas, Clásicos, y Consecuencias

Un Comentario Acerca del Tratamiento
Terapéutico del Comportamiento

Volúmenes de libros han sido escritos y continuarán escribiéndose acerca de los pros y los contras del uso de medicamentos para ayudar a controlar el comportamiento. Antes de aceptar cualquier tipo de tratamiento con medicamentos, deberán considerar lo siguiente:

1. De acuerdo con el objetivo de este libro, deberán crear en casa un ambiente que contribuya a la formación del comportamiento. Recuerden, el comportamiento es el producto del ambiente inmediato. Modificando el ambiente en el hogar es la mejor forma de modificar el comportamiento.

    A ése respecto, sugiero a los padres que limiten a sus hijos el ver televisión. Estudios científicos han reportado que el ver televisión pone al cerebro a "hibernar", y los únicos estímulos que lo mantienen alerta son las escenas violentas, los cambios visuales, y los estímulos auditivos que recibe el espectador. Dichos estudios también reportaron que antes de la edad de cuatro años, ese tipo de estímulos altera el desarrollo y el crecimiento normal de algunas partes del cerebro, haciéndolo menos capaz de procesar la complejidad de las demandas académicas y los cambios sociales. Además, hace a los niños hiperactivos y provoca el déficit de atención en ellos.

2. Analicen cuidadosamente los comportamientos descritos en éste libro y entonces procedan con cautela. En otras palabras, no asuman lo peor. Recuerdo una experiencia familiar de nuestro hijo menor. Su pequeña hija regresó a casa después de su primer día en la escuela y trajo consigo una lista de los comportamientos que los padres deberían vigilar en casa; comportamientos que supuestamente indicaban déficit de atención. Nuestro hijo leyó la lista y exclamó, "Papá, ésa lista me describe exactamente como fui cuando era niño".

En mi trabajo con familias, lo veo repetitivamente: niños saludables y bulliciosos que exhiben comportamientos molestos y rezongones típicos de su edad, que llegan a ser clasificados como niños con un comportamiento disfuncional cuando, en realidad, son sólo niños comportándose como niños. Una madre me comentó recientemente del agradecimiento que me tenía ya que hace algunos años yo advertí a ella no usar medicamentos para controlar el comportamiento de su hijo. Ella dijo: "Yo sólo le seguí la corriente. El criar hijos no es fácil. Ahora estoy feliz al haber tomado ésa decisión porque él está bien, saludable, y es un joven que tiene su vida bajo control." El tratar el comportamiento con medicamentos ha sido descrito por uno de mis colegas como "mejorar la calidad de vida con químicos", lo cual es muy riesgoso y debe ser hecho con sumo cuidado. Un maestro de preparatoria se lamentaba cuando uno de sus estudiantes tuvo una serie de comportamientos inapropiados y protestaba diciendo, "No pueden esperar que yo me comporte apropiadamente. Se me olvidó tomar mi Ritalin ésta mañana."

3. Estén absolutamente seguros de que el tratamiento es para el bienestar mental del niño. Me asombra el número de padres desesperados que se quejan diciendo, "Ya no lo aguanto más", cuando describen el comportamiento de sus hijos; queriendo decir, "Arreglen a mi hijo para que yo pueda estar en paz".

    Es verdad que la salud mental de los padres es importante y que es mucho más cómodo criar a un niño que se comporta apropiadamente que a uno con comportamiento difícil de tolerar. Aún así, es el bienestar del niño lo que debe ser nuestra mayor preocupación.

4. Estén seguros de que el comportamiento del niño sobrepase los límites de lo "normal"; y que sean hechas evaluaciones profundas para determinar que el comportamiento del niño realmente necesite atención especial.

    Una madre (de muchas) estuvo recientemente en mi oficina. Ella me dijo que su hijo padecía de déficit de atención e hiperactividad y que estaba tomando Ritalin. Yo le pregunté a ella cómo lo diagnosticaron. Ella respondió: "Yo describí el comportamiento de mi hijo a mi pediatra. El me dijo que mi hijo padecía de déficit de atención e hiperactividad y le recetó Ritalin."

    Yo le pregunté cuáles exámenes le habían sido aplicados y si habían consultado el Manual de Diagnóstico para Desórdenes Mentales. Ella dijo que no hicieron nada de eso. El doctor nunca vio al niño, ni tampoco consultó algún criterio de diagnóstico para apoyar su tratamiento prescrito. Esto es manejo inadecuado del comportamiento.

    El comportamiento tratado con medicamentos es siempre riesgoso. Además, no importa qué tan bueno sea el medicamento, con qué precisión sea prescrito, ó qué tan apropiadamente sea administrado, ¡Este tratamiento nunca deberá ser la única opción! El manejo del comportamiento deberá ser siempre parte prominente de cualquier tratamiento terapéutico. No olviden eso. Los padres descargan su responsabilidad dejando que el medicamento maneje el comportamiento del niño, poniendo toda su fe en una píldora.

Recuerden, los medicamentos son usados para el tratamiento de desórdenes. El comportamiento en cualquier forma no es un desorden. El tratamiento del comportamiento inapropiado sólo con medicamentos es equivalente a tratar de aliviar un brazo quebrado sólo con fe. Debemos ser claros acerca de la irresponsabilidad de esto.

Un Comentario acerca de los Clásicos

Al escuchar y echar un vistazo a las escenas contemporáneas, llegamos a la conclusión de que vivimos en un mundo donde la cultura se está volviendo basura. La música, los programas en la televisión, el Internet, las películas, las revistas, los tabloides, los programas escandalosos y cualquier cosa que se les ocurra, parecen estar compitiendo para ver quien se hunde en lo mas bajo, en los mas sucio, y en lo mas depravado. Como lo comento un reportero, "Piensen en el hecho mas perturbador, vil, y perverso que se puedan imaginar — y es probable que haya salido en las noticias y tenga dos decenas de sitios en la Web."

Es verdad que los padres no pueden proteger a sus hijos de toda ésta basura, pero sí pueden evitar que entre en su hogar, ó por lo menos minimizarlo y reemplazarlo con literatura de clase, programas de televisión sanos, y obras clásicas (¡Y deben hacerlo!). Consideren lo siguiente como dos importantes responsabilidades en la crianza de los hijos.

Reduciendo la Basura en el Hogar

Los hijos deben de saber que el hogar es un refugio de las flechas y dardos del mundo; es un lugar seguro. Tal vez no estén de acuerdo con sus padres acerca de lo que es o no es seguro, y esto está bien. No tienen que estar de acuerdo, simplemente tienen que entender.

Supongan que un niño trae a la casa algo de música, un video, una revista, ó cualquier otra cosa, y que ustedes han decidido que el aceptarlo en casa pone en riesgo la seguridad del hogar. En una situación así, los padres deben hacer valer su autoridad, prohibir que tales cosas entren en su hogar, y prepararse para afrontar una protesta rezongona por parte de su hijo. Podría darse una escena como la siguiente:

Padre: "Yo sé que quieres escuchar esa música en casa, pero ese tipo de música no es aceptable aquí; te pido que no la escuches en nuestra casa".

Hijo: "¿Qué quieres decir con eso de que no quieres que la escuche en casa? Es la música de moda. La escucharé en mi recámara, quieras ó no quieras."

Padre: "Hijo, sé que esto te hace estar muy enojado, pero esto no es el punto. El punto es que ese tipo de música es vil y no es aceptable en ésta casa."

Nota: Eviten discutir acerca de si la música está o no está de moda, o si pueden o no pueden evitar que el niño la escuche. Enfóquense en la importancia de proteger la calidad general del ambiente en el hogar, de cosas sucias, viles, y depravadas.

Hijo: "Papá, nadie más en la casa la va a escuchar. Voy a usar mis audífonos y mi puerta estará cerrada. Tú estás haciendo un gran escándalo por nada."

Padre: "Tú la vas a escuchar, hijo, y eso es lo que me preocupa. Tú eres alguien muy importante para mí. Muy importante. ¿Por qué me preocupa que escuches ese tipo de música?"

Nota: No hagan un escándalo tratando de convencer al niño de que la música es mala para él. La probabilidad de que pueda convencerlo de esto es cero.

Hijo: "Ya te dije, Papá. No es tan terrible como tú crees. No me está convirtiendo en un monstruo."

Padre: "Gracias por asegurarme que ésa música no esta teniendo ningún efecto negativo en ti. No obstante, ¿Cuál crees que es mi posición?"

Hijo: "Tú no quieres que escuche esa música. Te da miedo que esa música arruine mi vida para siempre. Bueno, estás mal. Yo la voy a seguir escuchando."

Padre: "Gracias. Es importante para mí saber que tú entiendes mis preocupaciones. Yo tengo una seria responsabilidad de hacer esta casa un refugio seguro para mi familia, a salvo de las cosas viles y depravadas de éste mundo. Aprecio tu cooperación y ayuda con respecto a eso."

Entonces, abandonen el tema. El niño ahora conoce tres cosas importantes: (1) Sabe lo que sus padres esperan de él. Estudios del comportamiento de los adolescentes señalan la importancia de que los niños sepan esto. Si cumple o no, eso es otra cosa. Es su decisión. Pero él necesita saber lo que sus padres esperan de él. (2) Sabe que ustedes se preocupan por él y por el bienestar del hogar. Esto tendrá un potencial efecto en como el niño percibe su hogar y como debería de comportarse en él. (3) Esto establece claramente el papel del padre como el líder en el hogar. El hogar necesita un líder que tenga claramente definidos un conjunto de valores y expectativas. Cuando ellos lleguen a ser adultos, los hogares de sus hijos tenderán a reflejar lo mismo.

Padres, no permitan que sus hijos les intenten intimidar con comportamientos pretenciosos. El padre debe ser la cabeza indiscutible del hogar. Su hogar no es una democracia. Si los padres quieren que su familia y su hogar se conviertan en un absoluto caos, cambien a una democracia donde el voto de cada miembro de la familia valga lo mismo. ¡No! Su hogar debe ser dirigido cuidadosa y amorosamente por un patriarca ó una matriarca.

Esto, junto con la calidad de entretenimiento aceptable, dará a su hogar un toque de clase que lo convertirá en un lugar amoroso y seguro.

Comience con un Acto Clásico

Durante una reciente conversación telefónica con una de nuestras hijas, mencionamos el tema de música contemporánea. Su hija mayor está llegando a la edad donde los hijos son atraídos hacia los males de nuestra sociedad. Para mantenerla a salvo de esto, desde pequeñita la acostumbraron a escuchar la música y literatura clásica. Los hijos deben valorar y adquirir un aprecio hacia este tipo de obras. Nuestra hija nos dijo que ella y su hija habían escuchado una canción contemporánea en el carro, una que yo clasifico como basura (me rehúso a llamarla música): fuerte, profana, obscena, y fea. Nos dio mucho gusto que nuestra nieta y su mamá rechazaron esa música. Nuestra hija nos dijo algo que yo desearía que dijeran todos los padres con hijos pequeños. "Mamá y Papá, estoy tan agradecida que cuando Mallory se acuesta en la noche ella prefiere escuchar *El Fantasma de la Opera, Rigoletto, etc.*"

El gusto de los hijos por la música y el arte es adquirido; y es algo que se aprende. Los padres deben de hacer su mejor esfuerzo para enseñarles a sus hijos las cosas más finas de la vida. Esto no significa que los hijos nunca adquirirán un gusto por la música que yo considero basura. De hecho, es probable que lo hagan. Después de todo, el deseo de conocer lo peor de este mundo resulta ser muy atractivo para la juventud. Pero por lo menos el deseo de conocer lo peor será balanceado con las cosas buenas y finas de ésta vida. El balance es muy importante.

Nos anima a mi esposa y a mí ir a casa de nuestros nietos y ver estantes repletos de buenos libros, a sus padres vigilando los programas de televisión, y ver como nuestros nietos están siendo influenciados por las cosas más finas, dulces, y nobles.

Recuerdo muy bien una experiencia que tuve en los años sesenta. Yo enseñaba educación especial en la preparatoria. Aquellos fueron los días en que los dulces y melódicos compases de música contemporánea empezaban a ser invadidos por sonidos ruidosos, de mal gusto, e indelicados que abrieron las compuertas a las corrientes sucias que han contaminado la industria discográfica hasta el día de hoy. Mis estudiantes comenzaban a ser atraídos por eso, y yo estaba preocupado. Decidí introducirlos hacia la música clásica.

Además de enfocarme en la música, les conté la historia y les describí los escenarios que inspiraron algunas de las más grandes obras musicales del mundo. Mientras les tocaba la música de Tchaikovsky Romeo y Julieta, por ejemplo, les narraba les escenas épicas de Shakespeare. Yo dirigí la atención de los estudiantes hacia como ésta pieza maestra de la música describía una pelea de espadas en las calles de Verona entre los Montagues y los Capuleto. Los estudiantes escucharon con suma atención como las palabras se combinaban con la inspirada música de la obra, cuya inspiración fue el amor. Y fue igual con algunas otras obras como "Rapsodia en Azul", etc. A los estudiantes les encantó.

Pero no todo acabó allí. Para incrementar el contacto social entre mis estudiantes y el alumnado en general, convertí mi salón de clases en un centro de actividades y entretenimiento durante la hora de almuerzo. Los jóvenes podían bailar, jugar ajedrez y damas, competir en torneos de pin-pon, y otras cosas. Lo que más me emocionó fue el ver como mis estudiantes venían rápidamente al salón jalando la mano de un amigo con entusiasmo, y ponían una obra de la pieza maestra que estábamos estudiando y decían, "¿No es maravillosa? Déjame contarte la historia."

Mis estudiantes llegaron a entusiasmarse tanto acerca de la música clásica que escribieron una carta al Director de la Orquesta Sinfónica de Utah, Mauricio Abravanel, invitándolos a dar una presentación en la escuela. ¿Y saben qué? Lo hicieron.

Los hijos pueden ser educados para valorar, disfrutar, y apreciar las cosas finas, refinadas, y clásicas de ésta vida. Padres, introduzcan a sus hijos a este tipo de obras. Bendigan su hogar y su familia con un toque de clase.

Un Comentario Acerca de las Consecuencias

Las consecuencias, y como aplicarlas, sigue siendo una gran preocupación para los padres. La impresión general es que si los padres hacen las consecuencias suficientemente miserables, los hijos se comportarán bien para evitarlas. No es necesariamente así. Ni siquiera se acerca a la realidad. Hay una forma mejor.

Voy a terminar el libro con una breve discusión de cuál es la mejor forma y recordándoles el tema con el que comencé el libro: como padres, no podemos estar absolutamente seguros de que lo que hacemos con nuestros hijos "será totalmente efectivo con todos los hijos en todas las situaciones". Pero cuando lo hacemos correctamente, y en una manera consistente con lo que los estudios científicos acerca del comportamiento humano nos han enseñado, incrementamos extraordinariamente la posibilidad de tener los mejores resultados. Con respecto al uso de las consecuencias, yo sugiero firmemente que los padres, ante una expectativa, eviten imponer consecuencias negativas rápidamente.

<u>Expectativa</u>	<u>Consecuencia Desfavorable</u>
"Tu necesitas terminar tu tarea."	"¡Y si no lo haces, vas a estar castigado durante el resto del día!"

Bajo tales circunstancias, el único incentivo para evitar las consecuencias negativas que acompañan a un mal comportamiento es comportarse bien. Este método es coercitivo y solo ocasionará que el niño odie, evite, y escape asistir a la escuela y hacer la tarea. A cambio, los padres deben dar a conocer al niño sus expectativas y en forma comprensiva invitarlo a decir cómo va a llevar a cabo tales expectativas.

Expectativas

Mamá: "Necesitas hacer tu tarea".

Hijo: "¡Mamá! La voy a hacer cuando termine el programa."

Mamá: "Bueno, ¿Cuándo será eso?

Hijo: "En un rato, Mamá. No te preocupes. La voy a hacer."

Mamá: "Me da gusto saber que la vas a hacer. Gracias. Pero necesito saber cuando la vas a terminar."

Hijo: "Antes de acostarme, Mamá. No me fastidies con eso."

Mamá: "Estoy segura de que te gustaría esperar hasta la noche para hacerla, pero eso no es aceptable. La comida va a estar lista a las 6:20, y necesitas hacerla antes. Así que dime a que hora, entre ahora mismo y la hora de la comida, empezarás la tarea, y para cuándo la vas a terminar. Necesito saberlo ahora."

Hijo: "Está bien la voy a hacer antes de la comida."

Mamá: "Perfecto. ¿Cuándo debes empezar para terminar antes de la comida?"

Hijo: "Mamá, ¿No tienes otra cosa que hacer mas que fastidiarme con la tarea?"

Mamá: "Sé que esto te fastidia. Dime, ¿A qué hora vas a empezar la tarea?"

Hijo: "¡Voy a empezar en quince minutos, Mamá! ¿Ahora estás feliz?"

Mamá: "Bien. ¿A qué hora será eso?"

Hijo: "No puedo creerlo. Dije que en quince minutos. ¿No sabes qué hora es eso, Mamá? En quince minutos serán las 4:30. Empezaré mi tarea a las 4:30. ¿Necesitas que te envíe un e-mail?"

Mamá: "¡Excelente! Gracias por aclararme eso. A las 4:30, eso es."

En este escenario, la madre no fue afectada por los rezongos de su hijo tales como: "No te preocupes.", "No me fastidies", "¿No tienes otra cosa que hacer?", "¡No lo puedo creer!"

A cambio, la mamá, a pesar de que el niño se estaba portando mal con un nivel bajo de civilidad, ella ofreció seis repuestas verbales positivas: "Bueno", "Gracias", "Perfecto", "Bien", "Excelente", y "Gracias".

La llave es convencer al niño de que él mismo diga lo que debe de hacer. Estudios en el área de la obediencia nos han enseñado que "los altos niveles de auto-instrucción corresponden con altos niveles de probabilidad de que el niño responda adecuadamente a las expectativas, produciendo cambios en el comportamiento deseado. Una excelente carta de una madre en Michigan nos muestra agradablemente eso:

Yo tengo una hija de 13 años de edad que discutía con el mismo demonio acerca de la temperatura en el infierno. Un día en particular, ella se sentía menospreciada y enojada conmigo porque no la podía atender en ese mismo instante. Cuando le dije a ella que esperara hasta que el caos de la salida de la escuela terminara, ella se enojó más conmigo. "Odio estar aquí....tú eres la persona más horrible....nunca tienes tiempo para mí....no tomas nada de lo que me pasa en serio....te odio, etc."

Ella dijo eso agitando los brazos, dando pisotones, arrojando la mochila al piso. Estoy seguro de que ya se lo imaginan. En días anteriores (antes de que yo leyera el libro El Poder de la Crianza Positiva, y ¿Qué Debe Hacer un Padre?), hubiera caído en la trampa, e intentado sin éxito razonar con ella, cuestionarla, y explicar mi situación (todas las trampas). Y hubiésemos terminado enojadas y molestas. La nueva yo dijo (echando un vistazo a mi reloj), "Me da pena que te sientas de esa forma. Estoy segura de que ahora lo ves así. Estaré dispuesta a hablar contigo dentro de una hora cuando las cosas se calmen aquí. Por ahora, espero que vayas a tu cuarto y comiences a hacer tu tarea. Ahora, ¿Qué es lo que espero de ti?"

Ella tartamudeo, si pues....yo hago....y ellos....y tú....pero. Yo dije, "¿Qué es lo que espero de ti?" Ella me dijo, "Pero.... tú....tú....tu esperas que yo me vaya a mi cuarto y que comience la tarea." Con eso, ella se calmó un poco y subió la escalera hacia su recámara, y yo muy calmada me fui a la cocina (riéndome de mí misma). ¡Sólo 48 segundos! ¡Esto realmente funciona!

Recibo constantemente cartas como ésa de todas partes del mundo: "¡Eso funciona!" Y la razón por la que éste método funciona es que está basado en la ciencia. La ciencia nos ayuda a predecir el futuro, a prepararnos para esto, y crear ambientes en los cuales nosotros podamos incrementar dramáticamente las probabilidades de éxito.

Para enfatizar e ilustrar este importante punto, les pido que dirijan su atención a la Figura 8. El escenario 1 describe una circunstancia en la cual la única razón que tiene un niño para comportarse bien es evitar las consecuencias negativas de un mal comportamiento. Este método es coercitivo y típico de una relación de padre e hijo que incluye ultimátum de: "Y si no lo haces…" Bajo tales circunstancias, la mayor esperanza que pueda tener un padre es que el niño cumpla las expectativas de mala gana durante un cierto período en el que los padres lo están forzando. Después de un tiempo, esto llegará a ser una invitación para que el niño escape, evite, y se rebele.

El escenario 2, por otra parte, hace recaer la responsabilidad de cumplir sobre el niño, y en esta forma crear una oportunidad y una razón por la cual el niño se comporte bien para disfrutar las consecuencias positivas del buen comportamiento.

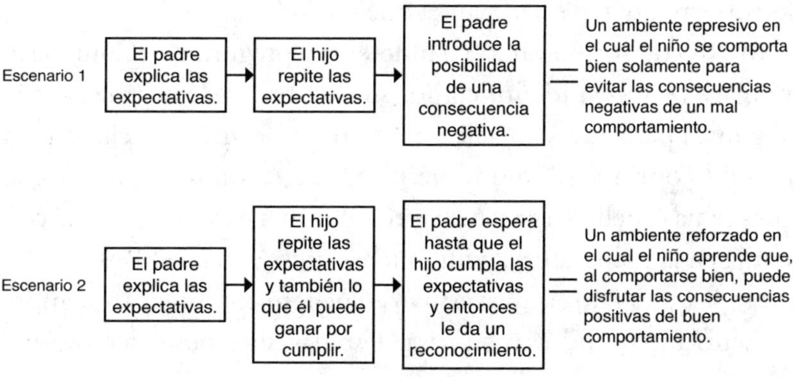

Figura 8. Dando Lugar a las Expectativas.

Estas ilustraciones enfatizan la importancia de dirigir el comportamiento del niño en una dirección positiva sin usar métodos coercitivos. De ésta forma creamos un ambiente en el cual los hijos se comportan bien para disfrutar las consecuencias positivas de un buen comportamiento. Cuando eso sucede, los padres están a salvo y los hijos querrán finalmente permanecer cerca de sus padres.

Aunque es absolutamente necesario que los padres establezcan un ambiente seguro y amoroso en el hogar para sus hijos, es igualmente importante crear un ambiente seguro y amoroso para los amigos de sus hijos.

Yo comprobé la veracidad de esto después de dirigir un taller de auto-instrucción a los reos de la prisión del estado. La mayoría de los que participaron en el taller eran delincuentes sexuales. Después del taller un hombre joven de buen aspecto y bien parecido, quien aparentaba estar fuera de lugar como reo en esa prisión, me saludó con un cálido apretón de mano. El me pareció algo familiar, pero como conozco a tantas personas en tantos lugares, yo rápidamente descarté la posibilidad de haberle conocido anteriormente, particularmente por que dicha prisión no correspondía al estado en el que yo vivía.

Me quedé sorprendido cuando él me preguntó, "¿Cómo está su hija?" (A quien identificó por su nombre). Me alarmé ante la pregunta, pero me sentí alegre de poder decirle que ella estaba bien. El continuó, "Dudo que usted me reconozca, puesto que antes tenía cabello largo y me vestía en forma extraña. Estudié con su hija en la preparatoria y fui muchas veces a su casa. Pero quiero que sepa que su hija nunca estuvo en peligro conmigo. Yo siempre me sentí bienvenido en su casa. Usted y su esposa siempre me trataron bien a pesar de mi mala actitud. Puedo imaginar como se sintieron teniéndome en su casa como amigo de su hija. Sin embargo, siempre me impresionó la forma en que me recibieron a pesar de mi apariencia. Aún puedo recordar algunas veces en que los visité. Durante esas visitas llegué a reconocer cuánto le amaban a su hija. Eso tuvo una gran influencia en la forma en que yo le traté a ella. Por favor déle mis saludos. Dígale que un viejo amigo la manda saludar." Y se alejó sin decirme su nombre. Al recordar ésta experiencia debo dejar en claro que los padres deben ser muy cuidadosos en proteger su hogar del peligro. No es posible decir muy detalladamente cómo hacer esto en cada situación; pero como regla general, los padres deben hacer de su hogar un lugar seguro y amistoso para los amigos de sus hijos. Los beneficios de esto pueden ser inmensurables.

Después de haber modificado su hogar convirtiéndole en un lugar seguro y amistoso para todos, una madre de una niña de quince años, que estaba en el proceso de educar su comportamiento, me envió un e-mail con el siguiente mensaje: "De repente cinco o seis adolescentes llegaban a nuestra cocina, hablaban, reían, bromeaban, y desaparecían. ¿No es eso fantástico?"

Conclusión

La mayoría de la veces el comportamiento de los hijos está en función del comportamiento de los padres. Si los padres siguen haciendo lo que siempre han hecho, tendrán como resultado lo mismo de siempre. Este libro tiene mucho que ver con mejorar el comportamiento de los padres tanto como el comportamiento de los hijos. Antes de intentar cambiar el comportamiento de los hijos, los padres deben cambiar su propio comportamiento. El hacer del hogar un lugar seguro y amoroso empieza con padres seguros, amorosos, y estables.

Concluyo con un mensaje conmovedor para los padres del libro *El Profeta*, de Kahlil Gibran:

> Ustedes son el arco del que los hijos son lanzados como
> flechas vivientes.
> El arquero del infinito ve la marca del sendero sobre
> el camino, y tensa el arco con toda su fuerza
> para que las flechas puedan ser lanzadas lejos
> y velozmente.
> Dejen que el arquero los tense en sus manos y siéntanse
> felices.
> Porque así como el arquero ama la flecha que vuela, así
> también ama el arco estable.

Acerca del Autor

Glenn I. Latham recibió su licenciatura y grado de maestría de la Universidad de Utah y un doctorado en educación de la Universidad del Estado de Utah, donde es profesor emérito de educación. Ha sido maestro y administrador en escuelas públicas, y es reconocido nacional e internacionalmente como un estudioso de las ciencias del comportamiento.

El Dr. Latham ha discursado ampliamente sobre el manejo del comportamiento humano en el hogar y en la escuela, y ha sido autor de siete libros, numerosos artículos, y documentos técnicos sobre el cómo crear un ambiente "seguro" en el hogar y en el salón de clases.

El y su esposa, Louise, son padres de seis hijos y atesoran una familia que sigue creciendo con nietos y bisnietos.